EMF handboken

En guide i debatten och samhällets hantering av elektromagnetiska fält.

Bengt Håkansson

Förlag: BoD – Books on Demand, Stockholm, Sverige
Tryck: BoD – Books on Demand, Norderstedt, Tyskland

ISBN: 978-91-8057-331-3

Innehåll

Förord

EMF-handboken kom till som ett svar på en önskan inom Exploaterings-nämnden och Stadsbyggnadsnämndens gemensamma funktionshindersråd i Stockholms stad om mer information om det som allmänt kallas elöver-känslighet. För att förstå samtiden måste man känna till historien heter det. Därför handlar den här skriften om avgörande händelser och beslut som berör hanteringen av elektromagnetiska fält, i huvudsak med början 1930, och som fört oss dit där vi är idag. Nyckelcitaten som beskriver det som sker är hämtade från Världshälsoorganisationen WHO:s verksamhet inom The International EMF-project. Det första beskriver elektricitetens bety-delse för människokroppen och kan sammanfattas med att vi är elektriska varelser.

"Electrical currents exist naturally in the human body and are an essential part of normal bodily functions. All nerves relay their signals by transmitting electric impulses. Most biochemical reactions, from those associated with digestion to those involved in brain activity, involve electrical processes."

Det här har vi alltså redan vetskap om. Observera att jag skriver vetskap och inte vetenskapligt bevisat. Vad vi vet och vad som är vetenskapligt be-visat är nämligen inte samma sak. Det andra citatet handlar om tillväga-gångssättet för hur vi skaffar oss kunskap för att sätta gränsvärden. Det säger att det är fel att vi skaffar oss vetskap om hur biologin fungerar ef-tersom det ger otillbörligt stränga gränsvärden som kan hindra den tekniska utvecklingen.

"a 'biological approach' (…) will result in an unduly conservative standard which could not only restrict technological advances but would be unacceptable in terms of the loss of benefits accruing from technology; all for protection against questionable risks."

Allmänheten, symboliserad med de elöverkänsliga, hamnar i kläm mellan dessa citat. Mellan vad vi vet och att vi vill använda elektromagnetiska fält praktiskt taget utan restriktioner.

För att beskriva det som skett och vad vi vet har några källor varit mer värdefulla än andra. När 60-talet just blivit 70-tal kom två beskrivande böcker på engelska om vad som händer människor som under lång tid varit utsatta för radiofrekvent strålning genom sitt arbete. *Biological Effect of Mikrowaves in Occupational Hygiene*, författad av Zinaida Vasilevna Gordon som var chef för mikrovågslaboratoriet på Sovjetunionens motsvarighet till vårt nedlagda Arbetslivsinstitut. Vid Tjeckoslovakiens motsvarighet skrev Karel Marha, Jan Musil och Hana Tuhá, *Electromagnetic Fields and the Life Environment* med det uttryckliga syftet att skydda den mänskliga organismen mot effekter av radio- och mikrovågor.

Frågorna som ställts och de önskade svaren har styrt hur forskningen bedrivits och resultaten utvärderats. Andrew A. Marino skrev boken *Going Somewhere, Trouth About a Life in Science* för att, som han skriver, berätta sin sanning och inte någon forskningsrapport som anpassats efter någon kollegas uppfattning bara för att få den publicerad. Tidigt började han också spara material och spela in samtal om elektromagnetiska fält för han hade en känsla av att det var betydelsefullt. Även om många namn är fingerade är boken därför noggrant dokumenterad och ställer avgörande frågor, visar på nya infallsvinklar och bortglömda självklarheter.

Som nybakad forskare utgick Marino ifrån att det måste finnas lagar som styr vad som händer i en levande organism som utsätts för elektromagnetiska fält. Men trots att effekter visade sig syntes inget lagbundet mönster. Med tiden kom han fram till att det finns frågor som vetenskapen inte kan ge ett klart svar på, det är trots allt bara vetenskap. Därför är det alltid nödvändigt att fråga forskarna: Hur vet du det?

Marino mötte forskare som anpassade sin forskning till den huvudsakliga anslagsgivaren, de som drevs av en önskan att bevisa att verkligheten ser ut som de trodde, de som avfärdar allt som inte kan bevisas med absolut säkerhet och de som arbetar åt den som betalar bäst. Forskare är trots allt bara människor. Efter att ha ägnat 15 år på heltid åt elektromagnetiska fält lade överordnade som inte gillade verksamheten ned laboratoriet och Marino gjorde sedan karriär inom andra områden och gick i pension som professor vid LSU Medical School i Louisiana.

Fysiken

Vad är elektromagnetiska fält?

Med ett snöre kan man dra och med en pinne kan man skjuta på. Elektromagnetiska fält är böjliga som snören men kan ändå skjuta på som pinnar, men vad de består av är okänt. Vi vet bara hur de fungerar. Elektriska och magnetiska fält är krafter som påverkar elektriska laddningar. När fälten ändrar styrka eller riktning får de laddningarna att röra på sig. När många laddningar rör sig tillsammans i samma riktning kallas det elektrisk ström. När en laddning rör sig uppstår ett magnetfält runt den. På så sätt uppstår magnetfält runt elektriska ledningar när man förbrukar ström – men bara då. Elektriska fält runt ledningen finns även när man inte förbrukar någon ström.

När laddningarna ökar eller minskar sin hastighet uppstår elektromagnetiska vågor omkring dem. Inom fysiken kallas vågorna för strålning och om de används för trådlös kommunikation kallas de radiovågor. En elektromagnetisk våg består av ett elektriskt och ett magnetiskt fält som är sammanlänkade och med ljusets hastighet rusar den bort från källan som skapade den. På sin väg får den elektriska laddningar att röra på sig, det vill säga skapar elektrisk ström.

Även om det är ett elektriskt och ett magnetiskt fält som i förening bildar en elektromagnetisk våg finns det viktiga egenskaper som skiljer enskilda fält från vågor. Därför är fält och vågor olika begrepp inom fysiken, medan man inom politiken buntar ihop dem i begreppet elektromagnetiska fält, ofta förkortat till EMF. Det är praktiskt att göra så eftersom många källor sprider en blandning av både fält och vågor.

Frekvens och våglängd

Elektromagnetiska fält kan gå i vågor. Avståndet mellan två vågtoppar eller vågdalar är våglängden. Oavsett hur lång eller kort våglängden är rör sig en våg med samma hastighet. Hur många vågor som hinner passera en viss punkt på en sekund är frekvensen. Om våglängden är kortare kommer vågorna tätare och fler vågor hinner passera på en sekund. Kortare våglängd ger högre frekvens.

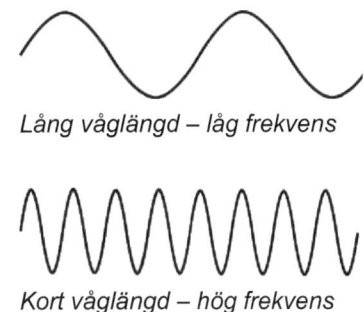

Lång våglängd – låg frekvens

Kort våglängd – hög frekvens

Begrepp

Våglängd anges i meter, decimeter, centimeter eller millimeter. Frekvens anges i hertz som förkortas till Hz. Frekvensen kan variera mellan några Hz upp till miljarder och då används en bokstav framför Hz, ett prefix, för att visa om det är fråga om tusen, miljoner eller miljarder hertz. Samma sak gäller åt andra hållet när talen blir mycket små som tusendelar, miljondelar eller miljarddelar.

Tal	Prefix	Ord	Tal	Prefix	Ord
Ett tusen (1000)	k	kilo	En tusendel (0,001)	m	milli
En miljon (1 000 000)	M	mega	En miljondel (0,000 001)	μ	mikro
En miljard (1 000 000 000)	G	giga	En miljarddel (0,000 000 001)	n	nano

Frekvens för elektromagnetiska fält anges då som kilohertz (kHz), megahertz (MHz) eller gigahertz (GHz). Magnetfältens styrka mäts i tesla och anges som mikrotesla (μT) eller nanotesla (nT). De elektromagnetiska vågornas, radiovågornas, intensitet anges som mikrowatt per kvadratmeter (μW/m²). I den här texten används genomgående μW/m² för intensitet trots att det ibland blir väldigt många nollor till vänster eller höger om kommatecknet, allt för att hög och låg intensitet lättare ska kunna jämföras.

Fysisk påverkan på människor

En människa består av material som är mer eller mindre elektriskt ledande och elektriska laddningar kan röra sig i. Därför skapar elektromagnetiska fält ström i en människa. Ingen kommer undan.

Magnetiska fält

När det går ström i elledningen skapas ett magnetfält runt den. Ett magnetiskt fält påverkar laddningar i omgivningen så att det uppstår ström i elektriskt ledande material – alltså även i människor, när magnetfältets styrka ändras. Fenomenet kallas elektrisk induktion. Magnetfält anges oftast i mikrotesla (μT) som är en miljondels tesla. Ska man vara petig är tesla inte magnetfältets styrka utan dess flödestäthet.

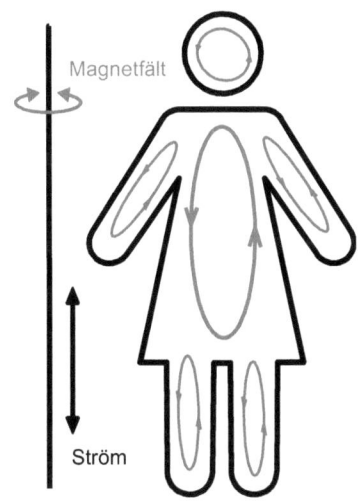

Eftersom vi har växelström i våra elledningar ändras strömmens riktning 100 gånger per sekund och därmed också magnetfältets riktning. Då skapas hela tiden elektrisk ström som cirkulerar i kroppen[1].

---

[1] ICNIRP, International Commission on Non-Ionizing Radiation Protection, "ICNIRP Guidelines for Limiting Exposure to Time-Varying Electric, Magnetic and Electromagnetic Fields (up to 300 GHz)", *Health Physics* 74 (4):494-522;1998, s. 496.

Elektriska fält

På bilden till höger står personen intill en el-ledning när den är positivt laddad. Då drar dess elektriska kraftfält till sig negativa ladd-ningar och stöter bort positiva så att de sor-teras som på bilden. Det krävs ingen kontakt mellan ledningen och personen utan allt sker på avstånd. Fenomenet kallas elektrisk influ-ens. Så länge elledningens laddning inte änd-ras behåller laddningarna i omgivningen sina platser.

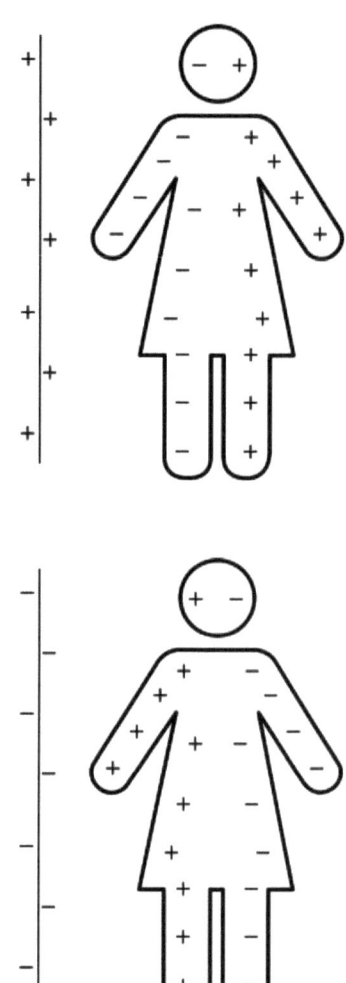

Samtidigt som strömmen byter riktning i våra elledningar ändras också deras ladd-ning. När den växlar från att vara positivt laddad till negativt blir allt tvärt om. Elled-ningens elektriska kraftfält drar till sig posi-tiva laddningar och stöter bort negativa. Varje gång ledningen byter laddning flyttas laddningarna i omgivningen och det skapas ström i personen intill och givetvis också i andra föremål som leder ström.

Elektriska fält skapar inte bara ström i krop-pen, de får molekyler som vatten med en tydlig plus- och minussida att ändra riktning.[2] Dessa kommer då att vicka fram och tillbaka i takt med växelströmmen.

Omfördelningar av laddningar i en människa sker även när elledningens laddning inte växlar mellan positiv och negativ utan bara ändras. Då ändras även det elektriska fältets styrka och laddningarna i kroppen rättar in sig efter de nya styrkeförhållandena så att jämvikt uppstår. Kraften i de elektriska fälten mäts i volt per meter (V/m).

Elektromagnetiska vågor

En elektromagnetisk våg består av ett elektriskt och ett magnetiskt fält som med ljusets hastighet rör sig bort från källan som skapade den. Inom fysiken

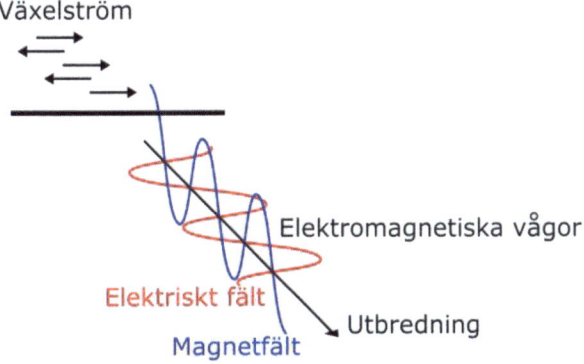

kallas elektromagnetiska vågor för strålning. Förutom som radiovågor, uppträder elektromagnetiska vågor i många skepnader. Som infraröd strålning, synligt ljus, ultraviolett strålning och den joniserande gammastrålningen. Mikrovågor är radiovågor med kortare våglängd. Våglängden är av-

---

[2] ICNIRP, s. 496.

ståndet mellan två vågtoppar. I vågtoppar och vågdalar är de elektriska och ett magnetiska kraftfälten starkast. I vågdalen är fälten riktade åt andra hållet jämfört med vågtoppen. De elektriska och magnetiska fälten ligger alltid vinkelrätt i förhållande till varandra.

Radiovågor uppstår när ström gungar fram och tillbaka i en elledning som då kallas antenn – en sändarantenn. Eftersom de elektriska och magnetiska fälten i radiovågor fungerar på samma sätt som dem omkring elledningar skapar radiovågor elektrisk ström i ledande material. På så sätt kan de få ström att gunga fram och tillbaka i en annan elledning som blir mottagarantenn. Det är så som överföringen går till från radiosändarnas antenner till mottagarantenner i mobiltelefoner, surfplattor, radio- och TV-apparater. En människa leder ström tillräckligt bra för att fungera som mottagarantenn.

Styrkan i elektromagnetisk vågor kan anges efter det elektriska fältets styrka i volt per meter (V/m) eller som den energi som överförs i watt per kvadratmeter (W/m^2), men anges oftast i mikrowatt per kvadratmeter (μW/m^2) som är en miljondels watt per kvadratmeter. Mindre vanligt är att ange det magnetiska fältets styrka i ampere per meter (A/m).

Historia

Före 1920

Den moderna tidens forskning började 1780 med fysikern och läkaren Luigi Galvanis upptäckt att låren från en nyss avlivad groda rycker till när de kopplas till ryggmärgen från samma groda via en metalltråd.[3] Galvani drog slutsatsen att han upptäckt "djurelektricitet". När han publicerade sitt rön blev han kritiserad av fysikern Alessandro Volta därför att grodlåren bara ryckte till när metalltråden var sammansatt av två olika metaller. Volta argumenterade istället för att elektriciteten uppstod kemiskt vid kontakten mellan metallerna och att det därför inte fanns någon "djurelektricitet". Men Galvani fortsatte sina experiment utan att använda metall genom att koppla ryggmärgen direkt mot muskeln som även då ryckte till och påvisade på så sätt existensen av naturlig elektricitet.[4] Tyvärr svarade aldrig Galvani offentligt på Voltas kritik innan han dog 1798, samma år som Volta uppfann det första batteriet, Voltas stapel, som bestod av plattor av två olika metaller växelvis staplade med fuktig kartong emellan. Både Volta och Galvani hade alltså rätt. Den berömmelse som uppfinningen av batteriet gav den briljante

---

[3] Olle Niklasson, "Varning! Stötande innehåll!", *Ny Teknik, Teknikhistoria*, 2014-11-22.
[4] Robert O. Becker, *Cross Currents: the promise of electromedicine, the perils of electropollution* (New York, NY: Jeremy P. Tarcher/Penguin), 2004, s. 21.

Volta gav extra tyngd åt hans uppfattning att "djurelektricitet" inte existerade och det dröjde många år innan alla accepterat att elektricitet är en viktig del av nervernas funktion.[5, 6]

1890

Forskningen om elektricitetens påverkan på biologiska system hade startat så snart elektricitet kunde framställas under kontrollerade former. När Heinrich Hertz under åren 1885-1889 upptäckte de elektromagnetiska vågorna koncentrerades forskningen till effekter av dessa.[7] Man upptäckte att muskelsammandragningarna upphörde vid 10 000 vågor per sekund (Hz) och att vågorna kan framkalla svettning och en känsla av värme.[8] Forskningen inriktades på att hitta medicinska tillämpningar av de Hertzka vågorna. En inriktning den hade till efter andra världskriget.[9]

---

[5] Andrew A. Marino, *Going Somewhere: Truth About a Life in Science* (Belcher, LA: Cassandra Publishing, 2010), s. 72.
[6] Ulf Bergqvist, Lena Hillert & Elisabeth Birke, *Elöverkänslighet och hälsorisker av elektriska och magnetiska fält: forskningsöversikt och utvärdering: slutrapport från arbetsgruppen vid Rådet för arbetslivsforskning*, RALF-rapporten, sid 20.
[7] Harald J. Cook, Nicholas H. Steneck, Arthur J. Vander & Gordon L. Kane, "Early Research on the Biological Effects of Microwave Radiation: 1940-1960", *Annals of Science*, 37 (1980), s. 324.
[8] Arthur W. Guy, "Biological Effects of Electromagnetic Radiation", *Engineering and Technology History Wiki*, avsnitt 1.1 19th Century.
[9] Cook, s. 325.

1900

I slutet av 1900-talets första decennium blev det känt att elektromagnetiska vågor kan höja temperaturen i mänsklig vävnad och inte bara orsaka en känsla av värme.

Efter 1920

En ny era började på 1920-talet när den trådlösa tekniken nådde allmänheten genom radioutsändningar. I Sverige startade Radiotjänst sina sändningar 1925. Inom medicinen arbetade man nu med våglängder ner mot 3 meter, samma som idag används för FM-radio. Läkarna såg många möjligheter med den nya tekniken som kunde skapa konstgjord feber som skulle hjälpa kroppen att göra sig fri från åkomman. 1924 kom en rapport om ett försök som visade att radiovågor kanske inte bara skapade värme. De kunde också döda växttumörer. En effekt de också hade på elakartade tumörer i möss som rapporterades 1928.[10] Samma år drabbades personal som arbetade med kortvågsteknik på General Electrics forskningslaboratorium av huvudvärk och andra obehagliga besvär. Det visade sig att deras kroppstemperatur ökat med 2-3 grader och upptäckten understödde metoden att höja kroppstemperaturen med radiovågor istället för att använda äventyrliga metoder som att injicera malaria.[11] 1930 kom också en rapport om att vissa våglängder hade en dämpande effekt på difteritoxin, ett gift som bildas av bakterien som orsakar difteri.[12]

---

[10] Cook, s. 325.
[11] Cook, s. 326.
[12] Cook, s. 327.

1930-talet

Så snart radiosändare började förekomma i arbetslivet uppstod hälsopro-
blem. Här följer ett citat ur Arbetarskyddsstyrelsens publikation *Arbete och
hälsa, vetenskaplig skriftserie 1979:30*:

> Redan i början av 1930-talet stod det klart att radiofrekventa (RF) elektro-
> magnetiska (EM) fält utgjorde ett arbetsmiljöproblem. Radiotelegrafister
> och servicepersonal vid större kortvågssändare klagade över vissa stör-
> ningar i allmänbefinnandet. Besvären yttrade sig bl a i form av huvudvärk,
> trötthet, sömnsvårigheter och ökad retlighet, d v s problem som alla är sam-
> manknippade med störningar i centrala nervsystemet (se vidare Liebesny,
> 1935). De första åren efter införandet av kortvågsbehandling inom medici-
> nen upplevde personalen, som arbetade med dessa apparater, liknande be-
> svär (Dänzer et. al. 1938; Thom, 1959). v. Went (1954) införde ett skydds-
> avstånd på 2 m till kortvågsapparaturen vid behandlingen för att han och
> hans medarbetare skulle undvika dessa besvär.[13]

Påverkan på cancertumörer, störningar i centrala nervsystemet och att all
elektromagnetisk energi inte omvandlas till värme i våra celler, utan cellerna
gör något annat med den – men vad, utmanade den medicinska professo-
nen eftersom man inte kunde förklara hur effekterna uppstod.[14] Council
on Physical Therapy, ett råd under American Medical Association, beställde
då en utvärdering av frågorna kring kortvågsbehandling. Utvärderingen an-
såg att det saknades tillräcklig bevisning för alla effekter utom de som också

---

[13] Kjell Hansson Mild, Ulf Landström & Bertil Nordström, "Biologiska effekter av elektromag-
netiska fält inom radiofrekvens och mikrovågsområdet: risker och gränsvärden", *Arbete och
Hälsa: vetenskaplig skriftserie* 1979:30, (Arbetarskyddsstyrelsen: 1979), s. 7.
[14] Nicholas H. Steneck, *The Microwave Debate,* (Cambridge, Massachusetts: The MIT Press, 1984),
s. 72.

kan framkallas genom för stark uppvärmning och slutsatsen blev att radio-
frekventa elektromagnetiska fält bara kan skada indirekt genom uppvärm-
ning. Dessutom med tillägget att de som har motsatt uppfattning och häv-
dar biologiska effekter utan uppvärmning har bevisbördan.[15]

1940-talet

Under andra världskriget utvecklades RAdio Detection And Ranging,
RADAR, för att upptäcka fiendens flygplan. Tekniken bygger på att radi-
ovågor som sänds ut reflekteras tillbaka från metallföremål. Det är fråga
om en ekoeffekt. Ekot som kommer tillbaka är mycket svagt jämfört med
de utsända radiovågorna som därför måste vara extremt starka. Radar an-
vänder mikrovågor, som är radiovågor med kortare våglängd än de radio-
frekventa elektromagnetiska fält som användes vid kortvågsbehandling, och
ger därför kraftigare uppvärmning. Omvandlingen av vågornas elektromag-
netiska energi till värme blir effektivare ju kortare våglängden är. Rapporter
om uppvärmning, håravfall och tillfällig sterilitet kom redan under krigets
början från personal som exponerades för radar. Rapporterna bemöttes
1942 av National Defense Research Council med att effekten från radar-
stationerna var i samma storleksordning som vid kortvågsbehandling inom
sjukvården.[16] Senare gjordes försök med grisar som inte visade effekter,
men en undersökning av 124 personer som exponerats för radar visade för-
ändrad blodbild jämfört med kontrollgruppen. Resultatet avfärdades med
motiveringen att förändringarna låg inom ett område som kan betraktas

---

[15] Steneck, s. 76.
[16] Cook, s. 330.

15

som normalt.[17] 1948 kom de första rapporterna om grumling av ögonlinsen hos hundar och kaniner efter direkt exponering för mikrovågor.[18]

1950-talet

Rapporterna om hälsorisker av mikrovågor var inte tillräckliga för att minska intresset för att använda dem i sjukvården. Däremot dog det ut när de första mikrovågsskadorna som krävde sjukhusvård rapporterades 1953. Av en arbetsstyrka på 6000 personer på Hughes Aircraft Corporation uppskattades 75-100 ha drabbats av inre blödningar av vilka några krävt sjukhusvård med blodtransfusion. Året innan beskrevs ett fall av linsgrumling hos en 32-årig tekniker som skött en mikrovågsgenerator under lång tid. Han beräknades ha varit utsatt för mikrovågor med en intensitet på tio miljarder mikrowatt per kvadratmeter (10 000 000 000 $\mu W/m^2$).[19] Med det som utgångspunkt införde General Electric ett gränsvärde på ett hundra miljoner mikrowatt per kvadratmeter (100 000 000 $\mu W/m^2$) och Bell Laboratories valde tio miljoner mikrowatt per kvadratmeter (10 000 000 $\mu W/m^2$) vilket är lika med dagens svenska gränsvärde. Efter andra världskriget har forskningen i västvärlden om radio- och mikrovågor och dess effekter på människan dominerats av USA och dess försvarsmakt har haft ett avgörande inflytande. På 1970-talet kunde uppskattningsvis två tredjedelar av forskningsanslagen i USA härledas till militären.[20] Elektromagnetiska fält är av stor strategisk betydelse vid både övervakning, försvar och anfall.

---

[17] Cook, s. 331.
[18] Cook, s. 333.
[19] Cook, s. 336.
[20] Steneck, s. 169.

Tri-Service Program on Bioeffects

1957 i USA startade de tre vapengrenarna armén, flottan och flyget Tri-Service Program on Bioeffects för att ta reda på om deras eget gränsvärde på ett hundra miljoner mikrowatt mikrovågseffekt per kvadratmeter gav ett tillräckligt skydd. Huvudansvaret för programmet vilade på dr George M. Knauf, överste i USA:s flygvapen. Till sin hjälp hade han biofysikern och forskaren Herman Schwan vars teoretiskt beräknade gränsvärde var det som militären använde.[21] I de flesta experimenten inom Tri-Service-programmet användes mikrovågor med en intensitet som med god marginal överskred den nivå där effekter och värme uppstår. När intensiteten minskades under ett hundra miljoner mikrowatt per kvadratmeter försvann effekterna.[22] Eftersom värme uppstått ansågs effekterna vara orsakade av värme precis som slutsatsen varit på 1930-talet. Tillsammans med att ledningen för programmet bara accepterade omedelbara och permanenta skador kunde ett hundra miljoner mikrowatt per kvadratmeter godtas som gränsvärde för mikrovågor.[23] Vid experimenten under Tri-Service-programmet användes försöksdjur och exponeringstiden rörde sig om ett fåtal minuter under några veckor eller månader att jämföra med åtta timmar om dagen under flera år i arbetslivet för anställd personal.[24]

---

[21] Don Maisch, *The Procrustean Approach: Setting Exposure Standards for Telecommunications Frequency Electromagnetic Radiation,* (avhandling, Wollongong: Faculty of Arts: Science, technology and society program, University of Wollongong, 2010), s. 80.
[22] Cook, s. 344.
[23] Steneck, s. 53.
[24] Cook, s. 344.

1960-talet

Om militären hade sett ett behov av gränsvärde behövdes också ett för industrin där radaranläggningar tillverkades och mikrovågor börjat användas. US Navy bad American National Standards Institute, ANSI, att sponsra ett allmänt möte för att utvärdera behovet av en standard för risker med radiofrekvent strålning, det vill säga mikrovågor. Efter en kortare diskussion beslutades att uppmana ANSI att starta arbetet med en standard och att Institute of Electrical and Electronics Engineers, IEEE, och US Navy skulle vara medsponsorer. ANSI hörsammade uppmaningen att ta fram ett gränsvärde för mikrovågor och till ordförande utsågs samme Herman Schwan som var med och ledde arbetet i det militära Tri-Service-programmet. ANSI är ingen myndighet som utformar standarder utan ger uppdrag till organisationer som ger förslag som, om de sedan får allmän acceptans, presenteras som en ANSI-standard. ANSI:s standarder blir följaktligen frivilliga.[25],[26] 1959 startade ANSI arbetet som kantades av administrativa svårigheter och fortskred långsamt. 1961 lade militären ner Tri-Service Program on Bioeffects eftersom de var nöjda med det gränsvärde de hade.[27] Därmed försvann också det mesta av den finansiering av forskning om biologiska effekter som behövde göras för att få en ny grund att stå på. Så kom gränsvärdet att i allt väsentligt baseras på den tidigare militära forskningen under Tri-Service-programmet och att radio- och mikrovågor inte skadar direkt utan bara indirekt genom uppvärmning. Av den 42 ledamöter stora kommittén som 1966 föreslog det första civila gränsvärdet i USA företrädde 19

---

[25] Steneck, s. 55ff.
[26] ANSI, About ANSI.
[27] Steneck, s. 58.

ledamöter det allmänna intresset, 6 producenter av utrustning och 17 konsumenter. Av de 17 representanterna för konsumenterna kom 11 från de olika försvarsgrenarna och där fanns också Coast Guard, tillverkaren av krigsmateriel General Dynamics, American Petrolium Institute, NASA och Bureau of Mines.[28] Föga förvånande blev gränsvärdet ett hundra miljoner mikrowatt per kvadratmeter (100 000 000 µW/m²), utan tidsbegränsning.

Slutsatser om Väst

Om utgångspunkten är att forskningens uppgift är att förstå och förklara hur naturen fungerar drar Cook och medarbetare slutsatsen att forskarna inte gjorde sitt jobb på ett professionellt och vetenskapligt sätt. Som grundläggande orsak pekar de ut den institutionella struktur som forskarna arbetade under. Före kriget skulle de ge svar på sjukvårdens frågor om effekter av behandlingar. Efter kriget var det vilka oacceptabla och omedelbara risker som fanns. Aldrig ställdes frågan om elektromagnetiska fält och biologiska effekter i sig, vilka de än är, en fråga som är nödvändig att besvara om vi vill veta hur de påverkar oss och naturen. De spridda studier som visat biologiska effekter var aldrig tillräckliga för att starta sådan grundforskning.[29] Forskarna Christie och Loomis visar tydligt inställningen till biologiska effekter utan uppvärmning.

---

[28] Steneck, s. 61.
[29] Cook, s. 349.

– Bevisbördan ligger på dem som fortfarande hävdar att det finns biologiska effekter av dessa strömmar annat än värme.[30]

Vad hände i Öst?

Forskningen i Sovjetunionen visade en liknande utveckling som i USA under åren 1930-1950. Ett stort intresse för medicinska tillämpningar före kriget och undersökningar om hälsorisker efter när radar börjat tas i bruk.[31] I de första undersökningarna av radaroperatörer letade man efter tydliga och speciella effekter så som man gjort med joniserande strålning från radioaktiva material, populärt kallat radioaktiv strålning. Att inga sådana hittades är ett naturligt resultat eftersom radaroperatörer hade hög personalomsättning, mikrovågorna var för svaga och exponeringstiden för kort.[32] Beskrivningar av långtidseffekter kom istället från yrkesmedicinska enheter där den första som omnämns är från 1948.[33]

1950-talet

Till skillnad mot i USA fanns en annan institutionell struktur i Sovjetunionen som inte avvisade problemet, utan började undersöka det. Från 1953 var laboratoriet för radiofrekventa elektromagnetiska vågor vid institutet för yrkesmedicin vid Sovjetunionens institut för medicinsk vetenskap i

---

[30] Cook, s. 329; se B. Mortimer & S. L. Osborne, "Tissue heating by short wave diathermy", *J. Am. Med. Assoc.*, 103 (1935), 1413, 1418.

[31] Z. V. Gordon, *Biological effect of microwaves in occupational hygiene*, Izdatel'stvo "Meditsina", Leningrad 1966, Israel Program for Scientific Translations, 1970, (TT 70-50087, NASA TT F-633), s. 1f.

[32] Gordon, s. 2.

[33] Gordon, s. 4.

Moskva i huvudsak sysselsatt med att studera biologiska effekter av mikro-vågor med en intensitet som inte höjer kroppstemperaturen. Ett sätt att angripa de nya yrkes- och miljömässiga riskerna som var anpassat till de speiella förhållanden som råder för personal som arbetar med mikrovågor i industrin eller med radarteknik. Gordon skriver att experiment i laboratoriet med intensiv mikrovågsbestrålning visade övertygande en betydande biologisk aktivitet och de startade omfattande undersökningar för att fastställa den högsta tillåtna intensiteten.[34]

1957 utfärdade Sovjetunionens hälsominister en föreskrift att alla som ska börja arbeta med teknik som skapar radio- och mikrovågor måste genomgå hälsoundersökning som visar att de är fullt friska.[35] Senare rekommenderades årliga undersökningar. Företagsläkarna som genomförde dem var inte anställda av företaget där de var stationerade utan av det allmänna sjukvårdssystemet.[36]

1960-talet

Under 1960-talet kom resultaten av långtidsstudier som börjat 10 år tidigare. De visade att efter 5 år hade 33 till 66 procent av personerna som ingick i studierna symtom. Efter 10 år eller mer hade 59 till 91 procent symtom. Studierna omfattade sammantaget långt över 1000 personer som

---

[34] Gordon, s. 3.
[35] Gordon, s. 84.
[36] Karl Hecht, *Dokumentation zum Vortrag von Prof. em. Prof. Dr. med. habil. Karl Hecht anlässlich der Anhörung im Bayerischen Landtag zur Thematik: „Mobilfunk / Elektrosmog / Gesundheit"* am 07.07.2006, s. 22.

var exponerade för mikrovågor genom arbetet och mer än 500 oexponerade i kontrollgrupper. Fynd från dessa undersökningar var bland andra:

Objektiva symtom

- Neurasteni, neurotiska symtom (sämre hjärnfunktion)
- lågt blodtryck, långsam eller snabb puls
- förändringar i autonoma nervsystemets styrning av hjärta och kärl
- EEG-förändringar
- överaktiv sköldkörtel
- potensstörningar (erektil dysfunktion)
- störningar i det hormonproducerande system som utgörs av hypotalamus, hypofysen och binjurebarken
- störningar i matsmältningen
- sömnstörningar
- långsammare sensorisk motorik (rörelser som utlöses av sinnesintryck)
- vilotremor i fingrarna (långsamma skakningar i vila, rörelsestörningar, skakningar)

Subjektiva symtom

- utmattning, trötthet
- koncentrationssvårigheter
- huvudvärk
- känsla av yrsel
- svettningar
- spontan irritation
- säregna smärtor från hjärtat[37]

---

[37] Hecht, 2006, s. 24.

De ryska långtidsstudierna visar att vid exponering 2-8 timmar per dag i flera år är inte typen av elektromagnetiska fält eller gränsvärdena den avgörande faktorn utan det är tiden. Kortvarig exponering under cirka 10 minuter om dagen hade inte ens vid täta upprepningar någon väsentlig effekt.[38] Djurstudier visade att centrala nervsystemet är känsligast och när intensiteten ökar så ökar också känsligheten.[39] Gränsvärdena som de sovjetiska forskarna rekommenderade på 1960-talet tar därför hänsyn till tiden. Arbete hela dagen var bara tillåtet i en miljö där mikrovågornas intensitet inte överstiger ett hundra tusen mikrowatt per kvadratmeter (100 000 µW/m²). Vid en intensitet på en miljon mikrowatt per kvadratmeter (1 000 000 µW/m²) var tiden begränsad till under 2 timmar. Tio miljoner mikrowatt per kvadratmeter (10 000 000 µW/m²) var bara tillåtet att utsättas för under 15-20 minuter.[40]

Gränsvärdena i Östeuropa var inte enhetliga ens före murens fall. Tjeckoslovakien tog fram egna gränsvärden som också tar hänsyn till om mikrovågorna kom i ett jämnt flöde eller pulserade.[41,42] I både Sovjetunionen och

[38] Karl Hecht, Hans-Ulrich Baltzer, *Biologische Wirkungen Elektromagnetischer Felder im Frequenzbereich 0 – 3 GHz auf den Menschen Studie russischer Literatur von 1960 – 1996*, im Auftrag des Bundesministerium für Telekommunikation Auftrag-Nr. 4131/630 402 Vom 14.11.1996, s. 14.
[39] Gordon, s. 67.
[40] Gordon, s. 71.
[41] Stephen S. Cleary, redaktör, *Biological Effects and Health Implications of Microwave Radiation: Symposium Proceedings*, Richmond Virginia September 17-19 1969, s. 188.
[42] Karel Marha, Jan Musil & Hana Tuhá, *Electromagnetic Fields and the Life Environment*, (San Francisco: San Francisco Press Inc, 1971), s. 77.

Tjeckoslovakien har forskare på respektive lands institutioner för arbetarskydd givit ut sammanfattningar av kunskapsläget, besvärsbild och åtgärder för minskad exponering.[43]

Väst kontra Öst

Till skillnad mot forskarna i Väst ansåg Sovjetunionen forskare att subjektiva besvär som huvudvärk och utmattning kunde vara en grund för gränsvärden.[44]

I Väst söktes svaren i laboratorier medan forskarna i Öst gick ut till dem som skulle skyddas, mätte mikrovågsstrålningen och gjorde hälsoundersökningar som sträckte sig över många år parallellt med att de i laboratorier gjorde experiment för att fördjupa kunskapen.[45]

De gränsvärden som togs fram i Öst och Väst under 1960-talet var avsedda för mikrovågsbestrålning i extrema miljöer i arbetslivet och har i princip inte ändrats sedan dess, men idag används de som skydd vid livslång exponering av allmänheten.

Moskvasignalen

Redan 1953 blev man i USA medveten om att Sovjetunionen sände mikrovågor mot deras ambassad i Moskva men det var först under 1960-talets

---

[43] Gordon, s. 71; Marha, s. 77.
[44] Steneck, s. 63.
[45] Cleary, s. 188.

första hälft som man hade tillräcklig information för att det skulle stå klart att det var en omsorgsfullt utformad signal som sannolikt hade ett syfte.[46] Öststaternas forskning om biologiska effekter av mikrovågor som inte orsakade uppvärmning hade också blivit känd i Väst och frågan uppstod om Moskvasignalen kunde påverka hälsan negativt. Frågan vandrade då snabbt uppåt inom administrationen till Vita huset. Hälsoundersökningar av ambassadpersonalen och medföljare startade 1965 under förevändning av ett påstått virusutbrott i Moskva eftersom Sovjetunionens tilltag skulle hållas hemligt. Hälsoundersökningarna, som fick namnet *The Viral Study*, gjordes utan kontrollgrupp och för litet antal personer för att ge ett statistiskt säkerställt resultat och i vissa fall gjordes hälsobedömningarna inte av läkare. Resultatet blev att "inga kända mönster av sjukdom eller återkommande problem upptäcktes".[47] Vid den här tiden visste man att olika delar av hjärnan kan stimuleras elektriskt och för att se om det var möjligt med mikrovågor och om det kunde vara syftet med Moskvasignalen startade ett forskningsprogram med schimpanser.[48] Schimpansexperimenten gavs namnet *Pandora* och för dessa återskapades Moskvasignalen i laboratoriemiljö och schimpanser tränades för att utföra bestämda arbetsuppgifter.[49] Under försöken utsattes schimpanserna för mikrovågor under tio timmar per dag. Redan när försöken pågått i fyra veckor sågs häpnadsväckande resultat. Efter tolv dagars exponering för mikrovågorna började testschimpansen arbeta långsammare. Under den trettonde dagen avstannade arbetet helt. Försöksdjuret föreföll ha fallit i djup sömn. Den femtonde dagen stängdes

---

[46] Steneck, s. 93.
[47] Steneck, s. 99.
[48] Steneck, s. 108.
[49] Steneck, s. 114.

mikrovågorna av och schimpansen återupptog arbetet. Efter fem dagar återupptogs mikrovågsexponeringen. Nu tog det bara åtta dagar innan arbetstakten sjönk och arbetet avstannade efter tio dagar. Schimpansen fick "sova" i tre dagar med mikrovågorna på men sedan de slagits av hade schimpansen fortfarande inte vaknat efter två dagar.[50]

Under försöken med schimpanser hade mikrovågorna haft en intensitet på mellan fem och tio miljoner mikrowatt per kvadratmeter.[51] Det är den nivå som de svenska gränsvärdena har idag, men en tiondel av dåtidens amerikanska. 1967 visade det sig att Moskvasignalens intensitet överskattats och legat på 50 000 mikrowatt per kvadratmeter under 9 timmar per dag[52] och aldrig överskridit Sovjetunionens gränsvärden som då var ett hundra tusen mikrowatt per kvadratmeter (100 000 $\mu W/m^2$) under en arbetsdag.[53] När mikrovågor med en intensitet under Sovjetunionens gränsvärden användes uppstod ingen sänkning av schimpansernas arbetstakt.[54] I Moskva fortsatte mikrovågsbestrålningen av USA-ambassaden in i 70-talet.

---

[50] Steneck, s. 109.
[51] Steneck, s. 108.
[52] Wikileaks, *Elease of Moscow Signal Fact Sheet, Canonical ID: 1976STATE166451_b, 1976 July 3 21:04*.
[53] Gordon, s. 71.
[54] Steneck, s. 110.

1970-talet

Moskvasignalen blir ambassadkrisen

Moskvasignalen bytte namn till ambassadkrisen då den blev offentlig 1976. Under ledning av professor Abraham Lilienfeld startades en ny hälsoundersökning av ambassadpersonalen och medföljare. Den gjordes under tidspress och svårigheter att samla in material på grund av personalens delvis hemliga arbetsuppgifter. På presskonferensen där resultaten presenterades sade professor Lilienfeld att det inte fanns några övertygande bevis för att koppla ihop mikrovågsstrålning med uppkomsten av några negativa hälsoeffekter. Antalet fall av cancer var normalt liksom sjukdomar i hjärnan och förlust av syn, vilka var de problem som undersökningen i huvudsak letat efter.[55] I undersökningen ingick också en hälsoenkät som visade statistiskt säkerställda resultat för nedstämdhet (män), retlighet (män), koncentrationssvårigheter (män och kvinnor), minnesförlust (män), samt andra besvär (kvinnor).[56] Men senare genomgång av det insamlade materialet visar en betydligt värre situation för ambassadpersonalen.

Ohälsan hade ökat med antalet tjänsteår. Ju längre tid på ambassaden desto vanligare blev det att drabbas av hud- och lymfsjukdomar, ryggbesvär, artrit/reumatism, flytningar från slidan, problem med öron och blodkärl.[57] Totalt sett var det inte fler som dog än vad man kunde förvänta sig men andelen som dog i cancer var dubbelt så hög jämfört med USA:s befolkning under samma tid. Totalt sett var hälsotillståndet på ambassaden i Moskva

---

[55] Thomas O'Toole, "Moscow Microwaves: No Harm Seen", *Washington Post*, 21 nov 1978.
[56] Jose A. Martínez, "The 'Moscow Signal' epidemiological study, 40 years on", *Reviews on Environmental Health,* Volume 34 Issue 1, s. 18.
[57] Neil Cherry, *Evidence that Electromagnetic Radiation is Genotoxic*, s. 37f.

klart sämre än på de övriga ambassaderna inom östblocket som användes som jämförelse.[58]

Mikrovågssändningarna mot USA:s Moskvaambassad som börjat 1953 upphörde inte förrän 1979 och då kunde mikrovågsbestrålningen summeras (tabell 1). Tillsammans med hälsoundersökningar vid två tillfällen framstår Sovjetunionens tilltag som ett kontrollerat experiment för att studera vad som händer när människor utsätts för ett "mikrovågsbombardemang" som USA kallade det. Både nivå och dos är jämförbara med de mest utsatta lägena i våra samhällen idag.

Tabell 1. Moskvasignalen[59]

	Intensitet	Varaktighet
Från 1953 till maj/jun 1975	upp till 50 000 µW/m²	upp till 8 timmar per dag
Från jun 1975 till feb 1976	upp till 130 000 µW/m²	18-20 timmar per dag
Från feb 1976 till apr 1976	upp till 50 000 µW/m²	10-20 timmar per dag
Efter apr 1976	upp till 20 000 µW/m²	10-20 timmar per dag

µW/m² är mikrowatt per kvadratmeter. Frekvenserna var 0,5 till 9 GHz, frekvenser som idag används för mobil data, telefoni och radar. Svenska gränsvärden inom dessa frekvenser är från 2,5 upp till 10 miljoner mikrowatt per kvadratmeter utan tidsbegränsning. I februari 1976 sattes avskärmning upp i fönstren som minskade strålningen i rummen på ambassaden till en tiondel.

---

[58] Martínez, s. 21.
[59] Wikileaks, s. 7.

Barnleukemi och magnetfält

1979 publicerade Wertheimer och Leeper den första undersökningen som visade ett samband mellan kraftledningar och barnleukemi. Dr. Nancy Wertheimer hade noterat att nära hemmen till barn som utvecklat cancer fanns ett ovanligt stort antal av elektriska ledningar för högre strömstyrkor.[60] Starkare ström ger starkare magnetfält. Medan radio- och mikrovågor ända sedan 1930-talet tilldragit sig forskningens intresse var det först nu som magnetfält uppmärksammades som något som kan påverka folkhälsan.

1980-talet

Elöverkänslighet

Under 1980-talet gjorde datorerna sitt intåg på kontoren och många som arbetade vid bildskärm fick besvär. Ofta utvecklades känsligheten även för andra elektriska apparater och lysrör. I allmänhetens ögon hade elallergi uppstått och diskussionen om negativa hälsoeffekter av elektromagnetiska fält spreds utanför den lilla gruppen av forskare, militärer och tekniker som tidigare varit engagerade i frågan. Drabbade personer lärde sig genom erfarenhet att besvären ökade när de utsattes för mer elektromagnetiska fält och minskade eller försvann när den extra exponeringen upphörde. 1987 bildas Föreningen för el- och bildskärmsskadade, FEB, som senare ombildades till Elöverkänsligas riksförbund.

---

[60] Nancy Wertheimer & Ed Leeper, "Electrical Wiring Configurations and Childhood Cancer", *American Journal of Epidemiology* 109:273-284, 1979.

Begreppet elöverkänslighet var nytt men besvären kända sedan tidigare i samband med elektromagnetiska fält och överensstämmer väl med de negativa hälsoeffekter som östeuropeiska forskare fann när de undersökte personer som arbetade under extrem mikrovågsbelastning (se sidan 22f). Jämfört med övriga befolkningen drabbas elöverkänsliga i väsentligt högre grad av hetta eller brännande känsla i huden, klåda eller sveda i ögonen, trötthet, tung i huvudet, huvudvärk, illamående, yrsel och koncentrationssvårigheter.[61]

1990-talet

Sambandet mellan magnetfält och cancer stärktes av undersökningarna som blev allt fler. I Sverige började försiktighetsprincipen tillämpas för magnetfält sedan en undersökning från 1993 av Maria Feychting och Anders Ahlbom visat 2,7 gånger högre risk för barnleukemi över 0,2 mikrotesla (μT) med en mycket tydlig trend att cancerrisken ökar med starkare magnetfält.[62] 1996 tog fem svenska myndigheter fram en vägledning för att tillämpa försiktighetsprincipen utan att ange någon nivå för magnetfälten.[63] 0,2 μT från Feychting & Ahlboms undersökning blev vägledande vid tillämpning av försiktighetsprincipen.

---

[61] Socialstyrelsen, *Miljöhälsorapport* 2001, s. 143.
[62] Maria Feychting, Anders Ahlbom, "Magnetic Fields and Cancer in Children Residing Near Swedish High-voltage Power Lines", *American Journal of Epidemiology*, Volume 138, Issue 7, 1 october 1993, s. 467-481.
[63] Arbetsmiljöverket, *Myndigheternas försiktighetsprincip om lågfrekventa elektriska och magnetiska fält – en vägledning för beslutsfattare*.

1996 startade Världshälsoorganisationen WHO The International EMF Project som ett svar på en allmän oro för negativa hälsoeffekter av elektromagnetiska fält.[64] 1998, inom WHO:s EMF-projekt, började harmoniseringsprojektet för att likrikta ländernas gränsvärden för radiofrekventa elektromagnetiska fält.[65] Harmoniseringsprojektet beskrivs närmare längre fram under rubriken Kampen om gränsvärdena.

Följande organisationer samarbetar i EMF-projektet:
International Commission on Non-Ionizing Radiation Protection (ICNIRP)
International Agency for Research on Cancer (IARC)
United Nations Environment Programme (UNEP)
International Labour Organization (ILO)
International Telecommunications Union (ITU)
European Commission (EC)
International Electrotechnical Commission (IEC)
North Atlantic Treaty Organisation (NATO)[66]

---

[64] World Health Organization, *Framework for Developing Health-Based EMF Standards*, (World Health Organization: Geneve 2006), s. 5.
[65] M. H. Repacholi, "The Purpose of WHO's EMF Standards Harmonization Project", WHO Meeting on EMF Biological Effects + Standards Harmonization in Asia & Oceania, Seoul, South Korea : 22-24 October 2001.
[66] World Health Organization, *The International EMF Project : health effects of static and time varying electric and magnetic fields : progress report 1998-1999*, s. 17.

Elöverkänslighet

Handikappförbundens Samarbetsorgan, HSO numera Funktionsrätt Sverige, en paraplyorganisation för Sveriges handikappförbund, upptar Föreningen för el- och bildskärmsskadade, FEB, som sin 29:e medlemsorganisation.

Efter att Förenta nationernas handikappårtionde (1983-1992) avslutats antar generalförsamlingen Förenta nationernas Standardregler för att tillförsäkra människor med funktionsnedsättning delaktighet och jämlikhet. De internationella reglerna om mänskliga rättigheter utgör den politiska och moraliska grunden för standardreglerna. 1995 beslutar regeringen att FEB ska erhålla statsbidrag som handikappförbund för sin verksamhet. Elöverkänslighet blir därmed ett erkänt funktionshinder i Sverige, så vitt känt det enda landet i världen. Hanteringen av elöverkänslighet behandlas utförligare i kapitlet Sverige.

2000-talet

Mobilmaster

1997, efter frågor från flera borgmästare, började delstaten Salzburg i Österrike att söka information för en medicinsk utvärdering av strålning från mobilmaster. Den enda undersökning med inriktning på GSM/2G mobilstrålning och hälsa de fann hade visat påverkan på sömnens REM-fas vid 500 000 mikrowatt per kvadratmeter.[67] År 2000 anordnade delstaten *Inter-*

---

[67] Gerd Oberfeld, *Das Salzburger Modell – Erfahrungen der letzten 5 Jahre*, s. 2.

national Conference on Cell Tower Siting Linking Science & Public Health i Salzburg.[68] Konferensen antog en resolution där ett gränsvärde på 100 000 mikrowatt per kvadratmeter för den totala mängden radio- och mikrovågor rekommenderades och som en tillämpning av försiktighetsprincipen 1000 mikrowatt per kvadratmeter för pulserande mikrovågor från mobilmaster, samt att inför uppförande av mobilmaster bör ett protokoll med följande punkter användas:

- Uppförande och drift av en basstation ska kräva tillstånd.
- Information i förväg och aktiv medverkan av allmänheten.
- Skydd av hälsa och välbefinnande.
- Inspektion och övervakning efter installationen.
- Register på nationell nivå över alla basstationer.
- Strålningen hålls inom strikta regler för hälsa.[69]

2002 kom den första studien som visade samband mellan mikrovågor från mobilmaster och typiska symtom på för hög dos av mikrovågor som östeuropeiska forskare beskrev 40 år tidigare (se sidan 22f).[70]

---

[68] Gerd Oberfeld, redaktör, *International Conference on Cell Tower Siting Linking Science & Public Health Salzburg, Austria, June 7 – 8, 2000 Proceedings*, Salzburg: Federal State of Salzburg: Public Health Department: Environmental Health & University of Vienna: Institute of Environmental Health.
[69] "Salzburg Resolution on Mobile Telecommunication Base Stations", *International Conference on Cell Tower Siting Linking Science & Public Health Salzburg, June 7-8*, 2000.
[70] R. Santini, P. Santini, J.M. Danze, P. Le Ruz & M. Seigne, "Study of the health of people living in the vicinity of mobile phone base stations: Influences of distance and sex", *Pathol Biol 2002*; 50:369-73.

ICNIRP:s gränsvärden antas av EU

1999 hade EU:s ministerråd beslutat att rekommendera de gränsvärden för elektromagnetiska fält som utarbetats av WHO:s samarbetspartner ICNIRP.[71] 2002 införde Sverige WHO/ICNIRP/EU:s gränsvärden för elektromagnetiska fält för allmänheten genom beslut av generaldirektören för Statens strålskyddsinstitut, nuvarande Strålsäkerhetsmyndigheten.[72]

Elöverkänslighet

Tidigare hade Förenta nationernas generalförsamling inte kunnat nå enighet att anta Standardreglerna för personer med funktionsnedsättning som en konvention. Men 2006 gick det och Konvention om rättigheter för personer med funktionsnedsättning antogs. FEB ombildas till Elöverkänsligas riksförbund.

Undersökningar där man studerat objektivt mätbara effekter av elektromagnetiska fält visar långsammare puls, lägre blodtryck, ändrad pupillreaktion på ljus, minskad visuell uppmärksamhet och uppfattningsförmåga. Ett oväntat resultat var förbättrat rumsligt minne. Hos både elöverkänsliga och icke elöverkänsliga uppstod ändrat EEG och rörelse bort från EMF-källan under sömnen.[73]

---

[71] Rådets rekommendation nr 1999/519/EG av den 12 juli 1999 om begränsning av allmänhetens exponering för elektromagnetiska fält (0 Hz–300 GHz), ICNIRP nämns i skäl 10.
[72] Strålsäkerhetsmyndigheten, e-post, dnr SSM 2011-369.
[73] G James Rubin, Lena Hillert, Rosa Nieto-Hernandez, Eric van Rongen & Gunnhild Oftedal, 'Do People With Idiopathic Environmental Intolerance Attributed to Electromagnetic Fields Display Physiological Effects When Exposed to Electromagnetic Fields? A Systematic Review of Provocation Studies", *Bioelectromagnetics 32:593^609* (2011).

Magnetfält

År 2001, 22 år efter att första undersökningen om magnetfält och cancer visat ett möjligt samband gjorde International Agency for Research on Cancer, IARC, en cancerklassning av magnetfält från exempelvis elnätet. Den vetenskapliga bevisningen bedömdes som begränsad vilket betyder att forskningsresultaten visat ett trovärdigt orsakssamband men att resultatet kan bero på slumpen, partiskhet eller någon förväxlingsfaktor som inte kunnat uteslutas med rimlig säkerhet, vilket ger en placering i gruppen 2B "möjligen cancerframkallande".[74] Senare forskning visar samstämmigt ett samband mellan magnetfält och ökad cancerrisk.[75]

2010-talet

2011 fann IARC att forskningen visar ett orsakssamband mellan radiofrekvent strålning, det vill säga radio- och mikrovågor, och cancer. Men förväxlingsfaktorer, slump eller partiskhet som kan ha stört forskningsresultaten kunde inte heller denna gång uteslutas med rimlig säkerhet. Därför placerades radiofrekvent strålning i klass 2B tillsammans med magnetfält.[76, 77]

---

[74] IARC Working Group on the Evaluation of Carcinogenic Risks to Humans, "Non-ionizing radiation, Part 1, Static and extremely low-frequency (ELF) electric and magnetic fields", *IARC monographs on the evaluation of carcinogenic risks to humans: Vol 80*, (IARC 2002: Lyon), s. 338.

[75] SCENIHR, Scientific Committee on Emerging and Newly Identified Health Risks, *Opinion on Potential health effects of exposure to electromagnetic fields (EMF)*, 27 January 2015, s. 7.

[76] IARC Working Group on the Evaluation of Carcinogenic Risks to Humans, "Non-Ionizing Radiation, Part 2: Radiofrequency electromagnetic fields", *IARC monographs on the evaluation of carcinogenic risks to humans: 102*, (IARC 2011: Lyon), s. 421;

[77] IARC, pressmeddelande, *IARC Classifies Radiofrequency Electromagnetic Fields as Possibly Carcinogenic to Humans*, s. 2.

Elöverkänslighet

Efter att en databas med 2000 fall av elöverkänslighet och kemikalieintolerans skapats börjar bilden klarna. De 2000 fallen visar att elöverkänslighet är ett neurologiskt sjukdomstillstånd med kroppsliga och sjukliga förändringar. Flera av dem är gemensamma med kemikalieintolerans. Blodprov visar ofta förhöjda halter av histamin som är ett tecken på allergi men i detta fall utan bevisad allergi, förhöjda halter av heat shock proteins, som är en familj proteiner som celler använder för att skydda sig mot skadlig påverkan, samt biomarkörer för oxidativ stress. Vidare förekommer tecken på läckande blod-hjärn-barriär och autoimmun reaktion på vit hjärnsubstans. Drabbade kan uppvisa en, två, eller tre av dessa markörer som tagna var och en för sig förekommer i upp till en tredjedel av fallen. Vanligare är förändrat blodflöde i hjärnan som förekommer i minst hälften av fallen vilket visats genom undersökningsmetoden TDU (Transcranial Doppler Ultrasound) medan magnetröntgen vanligtvis inte visar förändringar. Forskarnas slutsats är att elöverkänslighet kan diagnosticeras, behandlas och förebyggas.[78]

---

[78] Dominique Belpomme & Philippe Irigaray, "Electrohypersensitivity as a Newly Identified and Characterized Neurologic Pathological Disorder: How to Diagnose, Treat, and Prevent It", *Int. J. Mol. Sci. 2020*, 21, 1915.

Biologiska effekter

Tillför man energi till vatten kommer vattnets temperatur att öka och till slut kokar det vid 100 grader. Det är ett exempel på fysisk påverkan som styrs av naturlagar. De kan beskrivas med matematiska formler och påverkan kan beräknas och upprepas om och om igen med samma resultat. En biologisk effekt däremot, är en levande organisms reaktion på fysisk påverkan. Även om påverkan av elektromagnetiska fält på en levande organism följer naturlagarna gör inte reaktionerna det. Varje individ följer sina egna inre lagar[79] och följden blir att elektromagnetiska fält både kan stimulera och dämpa.[80] Därför går det inte att förutsäga hur en enskild cell eller människa kommer att reagera. Trots det har elektromagnetiska fält använts inom sjukvården för att skapa bestämda reaktioner. Socialstyrelsen skriver i sin rapport *Elektriska och magnetiska fält och hälsoeffekter* att "under detta sekel har man använt elektrisk och senare även magnetisk stimulering av hjärna, ryggmärg, nerver, ben och muskler både i diagnostiskt och terapeutiskt syfte".[81]

---

[79] Marino, s. 377.
[80] Marha, s. 42.
[81] Socialstyrelsens expertgrupp, *Elektriska och magnetiska fält och hälsoeffekter*, Socialstyrelsen, SoS-rapport 1995:1, s. 150.

Redan 1858 gjordes experiment på hund där bentillväxt stimulerades med elektricitet. Men elektricitet och elektromagnetiska fält är bara ett verktyg bland andra för att stimulera bentillväxt. Syra, spikar av järn som lösts upp, ständigt tryck och olika kemikalier har haft samma effekt i laboratorieförsök.[82]

Idag är biologiska effekter klart fastställda[83] och uppmärksamheten riktas också mot skador på vår arvsmassa.[84]

---

[82] Marino, s. 176.

[83] BioInitiative Working Group, "Conclusions table 1-1", *2012*.

[84] European Commission, *Health and electromagnetic fields: EU-funded research into the impact of electromagnetic fields and mobile telephones on health, The Reflex project: Do extremely low-frequency and radio-frequency electromagnetic fields cause biological changes in cells?*, ISBN 92-79-00187-6; VERUM - Stiftung für Verhalten und Umwelt, *REFLEX Risk Evaluation of Potential Environmental Hazards from Low Energy Electromagnetic Field Exposure Using Sensitive in vitro Methods.*

Negativa hälsoeffekter

Alla nerver skickar signaler med elektriska impulser och de flesta biokemiska reaktioner från matsmältning till dem i hjärnan innefattar elektriska processer skriver WHO.[85] Elektromagnetiska fält verkar fysiskt på alla elektriskt laddade atomer och molekyler, liksom på enskilda celler och kroppen som helhet. Listan på negativa hälsoeffekter har därför alla möjligheter att bli lång och varierande. Vi kan inte räkna med att vi märker de biologiska effekterna medan de pågår utan det är först när de leder till märkbara negativa hälsoeffekter som vi noterar att något inte är bra.

Blodbanor och nerver erbjuder lägst elektriskt motstånd i kroppen så den ström som de elektromagnetiska fälten skapar tar sig lättast fram där och blir starkast i dessa "elektriska ledningar".[86] I en sammanställning av effekter av mikrovågor publicerad 1971 dominerar effekter på nervsystemet, blodcirkulation, blodtryck, blodbild och hjärta men effekter på reproduktionsorganen och skador på ögonen finns också med.[87] Redan på 1930-talet rapporterades besvär av radiovågor som huvudvärk, trötthet, sömnsvårigheter och ökad retlighet (se sidan 14).

Enkelheten att upptäcka omedelbara och tämligen omedelbara negativa hälsoeffekter har gjort att människor kan upptäcka dem själva, antingen direkt

---

[85] World Health Organization, *Establishing a Dialogue on Risks from Electromagnetic Fields*, (World Health Organization, Radiation and Environmental Health Department of Protection of the Human Environment, Geneva: 2002), s. 3.
[86] Marha, s. 56.
[87] Marha s. 32-38.

eller genom erfarenhet. Andra kräver vetenskapligt upplagda undersökningar. En vanlig typ är epidemiologiska undersökningar där man jämför en grupp människor som är utsatta för det man vill studera eventuella effekter av och en annan grupp som inte är det. Den typen av undersökningar ligger till grund för det upptäckta sambandet mellan leukemi hos barn och magnetfält från elnätet. Men de har också visat att magnetfält ökar risken för leukemi hos vuxna med 21 procent, för Alzheimer med 51 procent, för förlamningssjukdomen ALS med 30 procent, medan elektriska fält ökar risken för ALS med 78 procent.[88] Alla riskökningar är statistiskt säkerställda, men det räcker inte för att de ska anses vara säkerställda, det vill säga vetenskapligt bevisade.

Epidemiologiska undersökningar eller observationsstudier, som det kallas för när verkligheten studeras utan att forskarna gör några ingripanden, kan inte visa den verkliga risken om alla personer i studien är mer eller mindre utsatta för det man vill studera effekterna av. Studierna av magnetfältens effekt på förekomsten av cancer är ett tydligt exempel på vad en relativ risk innebär.

2001 när IARC placerade magnetfält i klass 2B "möjligen cancerframkallande" visade den tyngst vägande studien, som bestod av data från flera andra undersökningar, en fördubblad cancerrisk vid 0,4 mikrotesla jämfört med mindre än 0,1 mikrotesla.[89] IARC noterade att den lägre nivån i jämförelsen, 0,05-0,1 mikrotesla och som är den vanligaste i bostäder, ligger långt över naturliga varierande magnetfält och beskriver det som att jämföra

---

[88] Anke Huss, *Strålsäkerhetsmyndighetens EMF-seminarium 2016*, SSM's Scientific Council on Electromagnetic Fields, Youtube 1 tim 3 min – 1 tim 13 min.
[89] IARC 2002, s. 133.

högexponerade med mindre högexponerade.[90] Det betyder att den typen av jämförande forskning inte kan användas för att peka ut några absoluta gränser där risken för cancer börjar eller slutar så länge man inte jämför med varierande magnetfält med naturligt ursprung. Men det finns inga människor som lever som vi i en miljö med bara naturliga varierande magnetfält som är femtio miljondels mikrotesla vid cirka 3,5 hertz[91] och en halv miljondels mikrotesla vid 8 hertz[92], beroende på källan som skapade dem. Vid elnätets 50 hertz är de ännu lägre.

Varken Socialstyrelsen eller Folkhälsomyndigheten har friskrivit magnetfält från risker under en viss nivå. I meddelandebladet *Elektromagnetiska fält från kraftledningar* från 2005 skrev Socialstyrelsen att "senare forskning (…) tyder inte på något samband mellan exponering för magnetfält under 0,4 μT och leukemi hos barn".[93] Det står inte att magnetfält under 0,4 mikrotesla är riskfria. 2015 skrev EU-kommissionens kommitté SCENIHR att senare forskning är samstämmig med tidigare fynd som visar ökad risk för barnleukemi vid 0,3 till 0,4 mikrotesla.[94] Inte heller EU talar om riskfrihet. I Folkhälsorapport 2017 kan man läsa att 0,3 och 0,4 mikrotesla inte kan ses som gränsvärden utan är valda av forskningsmetodologiska skäl.[95] I sin

---

[90] IARC 2002, s. 95.

[91] Institutet för rymdfysik: Kiruna, *Pulsation graph: Y component*, diagram över jordens magnetfälts pulsering i öst-västlig riktning, pulseringen omkring 3,5 Hz är bara en miljondel av den totala styrkan hos jordens magnetfält som därför betraktas som statiskt.

[92] Colin Price, "ELF Electromagnetic Waves from Lightning: The Schumann Resonances", *Atmosphere* 2016, 7(9), 116, s. 4 och figur 4. Grundfrekvensen ligger på 8 Hz med övertoner med fallande styrka upp till 50 Hz där de upphör.

[93] Socialstyrelsen, "Elektromagnetiska fält från kraftledninga", *Meddelandeblad* 2005.

[94] SCENIHR 2015, s. 7.

[95] *Miljöhälsorapport* 2017, s. 201.

mätrapport från 2012 skriver Strålsäkerhetsmyndigheten att nivåer upp till 0,2 mikrotesla i uppskattat årsmedelvärde är normala, över 0,2 mikrotesla betraktas de som förhöjda och för nivåer över 2 mikrotesla gör myndigheten bedömningen att de är kraftigt förhöjda. Avslutningsvis påpekas att "dessa slutsatser har dock ingen koppling till eventuella hälsorisker utan är ett rent konstaterande utifrån de uppmätta magnetfältsnivåerna".[96]

Det är alltså forskningsmetoderna att studera cancer hos allmänheten som är grunden för 0,2 eller 0,4 mikrotesla. Om alla jämförelser görs med de vanliga nivåerna av magnetfält i samhället och dessa ökar kommer nivåerna där forskningen visar ökad risk också att följ med upp så att det som tidigare bedömdes som riskfyllt blir riskfritt. Omvänt kan det som betraktas som riskfritt idag bli riskfyllt om de vanliga nivåerna sjunker. Det är innebörden i begreppet relativ risk som är den risk som jämförande studier visar i ett samhälle där alla är mer eller mindre utsatta för det man studerar effekterna av.

Hälsoeffekternas omfattning

För de tydligt definierade sjukdomarna finns statistik att tillgå som visar deras utveckling över tiden. Någon uppskattning av hur stor del av befolkningen som har besvär eller sjukdomar som kan härledas till elektromagnetiska fält och hur de utvecklats över tiden har inte gjorts. Istället har

---

[96] Torsten Augustsson, Jimmy Estenberg, "Magnetfält i bostäder", *Rapport* 2012:69, Strålsäkerhetsmyndigheten, s. 12.

elöverkänsliga fått fungera som mätare av förekomsten av negativa hälso-effekter av elektromagnetiska fält.

I en undersökning från 1998 om elöverkänslighet i Kalifornien svarade 3,2 procent av de telefonintervjuade att de var "allergiska eller mycket känsliga" för elektriska apparater.[97] I Miljöhälsorapport 2001 presenterade Socialstyrelsen resultaten från Nationella miljöhälsoenkäten 1999 (NMHE 99), som behandlar åldrarna 19-81 år och gäller hela landet. Där angav 3,1 procent av dem som svarade på brevenkäten att de "betraktar sig som känsliga, överkänsliga eller allergiska mot EMF" och 0,3 procent angav "svåra besvär". Miljöhälsorapport 2001 visar att elöverkänsliga i högre grad än övriga befolkningen lider av typiska besvär från det centrala nervsystemet. Den senare Miljöhälsorapport 2009 redovisar 3,2 procent elöverkänsliga och 0,4 procent angav svåra besvär. I båda rapporterna är det en tydlig övervikt av kvinnor bland dem som sätter sina besvär i samband med elektromagnetiska fält.[98]

Förekomsten av elöverkänslighet som redovisats i miljöhälsorapporterna 2001 och 2009 baseras på frågor som är formulerade så att den som svarar måste betrakta sig som känslig, överkänslig eller allergisk mot elektromagnetiska fält. Om frågan är mer allmänt hållen blir resultatet ett annat. I en enkätundersökning svarade 16 procent av 13 381 skåningar ja på frågan "har

---

[97] Patrick Levallois, Raymond Neutra, Geraldine Lee & Lilia Hristova, "Study of self-reported hypersensitivity to electromagnetic fields in California", *Environ Health Perspect*. 2002 Aug; 110(Suppl 4): 619-623.

[98] Socialstyrelsen, *Miljöhälsorapport* 2001, s. 143; Socialstyrelsen, *Miljöhälsorapport* 2009, s. 192.

När man frågat befolkningen om de har besvär av elektromagnetiska fält har frågans formulering haft en avgörande betydelse för svaren. 30 procent har besvär eller får sämre välbefinnande medan 3,5 procent betraktar sig som elöverkänsliga eller har sökt sjukvård.

du under de senaste 14 dagarna känt obehag som du förknippar med lysrörsljus, bildskärm eller annan elektrisk utrustning".[99] I en österrikisk intervjuundersökning som omfattade 460 personer instämde 30 procent helt eller delvis i påståendet "i närheten av kraftledningar eller mobilmaster känner jag att mitt välbefinnande blir stört". 3,5 procent hade uppsökt läkare för besvär som de relaterar till elektromagnetiska fält. I samma undersökning

_____

[99] Frida Carlsson, *Subjective annoyance attributed to electrical equipments and smells – Epidemiology and stress physiology*, avhandling, Department of Occupational and Environmental Medicine Institute of Laboratory Medicine, Lund University, Sweden, s. 41.

instämde 13,6 procent i påståendet "Jag känner när en elektrisk apparat används i närheten av mig".[100] I början av 00-talet beställde Tyska strålsäkerhetsmyndigheten Bundesamt für Strahlenschutz en serie undersökningar om befolkningens uppfattning om mobiltelefoni. Där fick den intervjuade först frågan om och hur mycket hälsan var nedsatt av mobilmaster, mobil- och trådlösa telefoner eller andra källor och därefter "vilka besvär orsakade av elektromagnetiska fält handlar det om för er personligen?" Den intervjuade hade sedan 15 färdiga alternativ att välja mellan och ett öppet. 33 procent angav ett eller flera besvär.[101]

I svenska Miljöhälsorapport 2017 ställs inte frågan om just elöverkänslighet, utan frågan om elektromagnetiska fält var två av 15 frågor om hur miljöfaktorer påverkar hälsan. Frågorna löd "Vilken påverkan på din hälsa anser du att följande miljöfaktorer har?" och sedan "elektromagnetiska fält från t.ex. mobiltelefoner, antenner" och "elektromagnetiska fält från t.ex. elektriska apparater, kraftledningar". Svarsalternativen var; mycket positiv påverkan, positiv påverkan, ingen påverkan, negativ påverkan, mycket negativ påverkan och ej relevant. Men svaren redovisas inte som för luftföroreningar och buller. Däremot påpekas i rapporten att de symtom som upplevs av elöverkänsliga saknar vetenskapligt stöd.[102] Men vilka antenner var det

---

[100] Jörg Schröttner, Norbert Leitgeb, "Sensitivity to electricity – Temporal changes in Austria", *BMC Public Health* 2008 8:310.

[101] infas - Institut für angewandte Sozialwissenschaft GmbH, *Ermittlung der Befürchtungen und Ängste der breiten Öffentlichkeit hinsichtlich möglicher Gefahren der hochfrequenten elektromagnetischen Felder des Mobilfunks - jährliche Umfragen: Abschlussbericht über die Befragung im Jahr 2004*, für das Bundesamt für Strahlenschutz, Übersicht 3: Art der Beeinträchtigung durch elektromagnetische Felder, s. 15.

[102] Folkhälsomyndigheten, *Miljöhälsorapport*, 2017, s. 205; *Miljöhälsorapport*, 2017, bilaga miljöhälsoenkät fråga 71 m & n, s. 252.

som avsågs i frågan? Alla apparater i hemmet som sänder eller tar emot radiovågor har en antenn, och de sitter också i toppen på radio-, TV- och mobilmaster. I Schweiz däremot redovisas svaren och för mobilmaster användes ett allmänt tyskt begrepp – Mobilfunkantennen. Frågan gällde bara miljön i hemmet och 23 procent svarade att de var ganska eller mycket störda av strålning från kraftledningar och mobilmaster.[103]

Undersökningar där befolkningens uppfattning kommer till uttryck har ingen betydelse för hur forskare värderar sambandet mellan elektromagnetiska fält och negativa hälsoeffekter. BioInitiative Working Group skriver 2012 att biologiska effekter är klart fastställda och att effekterna rimligen kan antas leda till negativa hälsoeffekter.[104] Att en effekt på celler eller försöksdjur är klart fastställd leder alltså inte automatiskt till att en negativ hälsoeffekt också är fastställd oavsett vad folket svarat. Omvänt kan försöksdjur inte svara på enkäter och delta i intervjuer och bekräfta folkets svar.

Kan hjärt- och kärlsjukdomar, cancer och diabetes som vi betraktar som välfärdssjukdomar, men även självmord, orsakas av elektromagnetiska fält? Ju fler som exponeras för elektromagnetiska fält som samhället skapar desto svårare blir frågan att svara på. Det behövs en grupp människor som knappt är exponerade alls. På landsbygden i USA fick inte alla hushåll elektricitet förrän 1956. Innan dess fanns därför en stor andel hushåll på landsbygden utan elektricitet. Ju fattigare delstat desto större andel. Samhällen och städer elektrifierades redan i början på seklet. Statistik över dödsfall och

---

[103] Bundesamt für Statistik, *Wahrnehmung von Umweltbedingungen in der Wohnumgebung*, Umweltqualität und Umweltverhalten, Omnibus 2019, BFS-Nummer je-d-02.05.04,.
[104] BioInitiative,, "Conclusions Table 1-1", *2012*.

från folkräkningarna 1930 och 1940 visar mycket tydligt att risken att drabbas av välfärdssjukdomarna ökar då allt fler hushåll får elektricitet. Ett exempel från 1940 är Massachusetts där 98 procent av alla hushåll hade elektricitet var risken att dö i cancer 3,5 gånger högre än på landsbygden i Georgia, en stat där endast 47 procent av alla hushåll i hela delstaten hade elektricitet vid samma tid. I Georgia där många hushåll på landsbygden saknade el löpte stadsbefolkningen dubbelt så hög risk att dö i cancer jämfört med dem på landet. I Massachusetts fanns ingen skillnad mellan stad och land 1940.[105]

Den ökade mängden radio- och mikrovågor som allmänheten utsätts för genom mobiltelefonins expansion och trådlös teknik i hemmen bekymrar forskare. Den första konferensen hölls i Salzburg 2000. Den har sedan följts av flera med uppmaningar till politiker att börja tillämpa försiktighetsprincipen: Catania 2002, Benevento 2006.[106] 2015 undertecknade 190 forskare en uppmaning till Förenta Nationerna och dess medlemsstater att skydda människor, djur och natur mot elektromagnetiska fält och trådlös teknik.[107] Inget har haft någon effekt då regeringar världen över använder sina egna utvärderingar som inte hittar några avgörande bevis på oacceptabla risker. Det finns uppenbarligen två sätt att se på saken. Hur gör forskare när de utvärderar hälsorisker?

---

[105] Samuel Milham, "Historical evidence that electrification caused the 20th century epidemic of 'diseases of civilization'", *Med Hypotheses*, 2010 Feb;74(2):337-45, fig. 6.
[106] "Catania Resolution", *Conference: State of the Research on Electromagnetic Fields - Scientific and Legal Issues*, (Catania: 2002); "Benevento Resolution", *Conference: The Precautionary EMF Approach: Rationale, Legislation and Implementation*, (Benevento: 2006: International Commission for Electromagnetic Safety).
[107] EMFscientist.org. 9 augusti 2022 hade antalet undertecknare ökat till 256.

Utvärdering av hälsorisker

Forskningens uppgift är att förklara och beskriva verkligheten. För att göra det krävs inte bara forskning utan en rad ställningstaganden hur forsknings-resultaten ska tolkas så att fakta förvandlas till kunskap. Den processen är ett eget ämne som kallas vetenskapsteori och här kommer en minimal snabbkurs för att bättre kunna utvärdera utvärderingarna.

Ämnet börjar med en motsättning. Vetenskapen söker sanningen och vetenskapen går ständigt framåt. Det ständiga framåtskridandet gör inte bara att kunskapen fördjupas utan sanningar kan också behöva omprövas. Motsättningen löses genom att betrakta sanningar som en färskvara.

Trots att sanningar måste betraktas som föränderliga är de ändå ett mål att sträva efter. En strävan mot en absolut och definitiv kunskap kallas positivism i betydelsen säker kunskap. Källorna för att nå dit är mätbara mängder och hårda fakta. Strikt logik används också som i fysik och matematik. 2+2=4, garanterat, därför kan 2+2 aldrig bli 5.

Induktion kallas det när man drar en allmängiltig slutsats av insamlade fakta. Hit räknas undersökningar där man frågar folket. Opinionsundersökningar är ett typexempel. Hur undersökningarna genomförs och om de är upplagda så att de mäter det som ska mätas är viktigt för tillförlitligheten.

Deduktion är bara logik. Utgångspunkten är en premiss som leder till en slutsats. Av premissen att allt som släpps faller mot jorden dras en slutsats att det finns en kraft som drar i den riktningen. Både premiss och slutsats var riktiga och Newton kunde beskriva tyngdlagen. Hade istället premissen varit felaktig skulle slutsatsen också blivit fel.

Den hypotetiskt-deduktiva metoden utgår från ett antal gissningar, hypoteser, som sedan testas genom deduktion. Eller enklare uttryckt. Ett antal metoder att lösa ett problem testas och den metod som löser problemet blir svaret på frågan. Men om frågan var vad som *orsakar* problemet så har vi inte fått ett definitivt svar. Den fungerande lösningen kan verka på flera olika sätt och vi vet inte vilket eller vilka de är som får den att fungera. Den hypotetiskt-deduktiva metoden visar ett samband men inte ett orsakssamband. Om frågan istället var vad som löser problemet så har vi fått ett svar som duger.[108]

Praktikfall – elöverkänslighet

2006-2008 genomförde Elöverkänsligas riksförbund tillsammans med Tandvårdsskadeförbundet, numera Tandhälsoförbundet, ett projekt för att beskriva elöverkänsliga och tandvårdsskadade i samhället. I slutrapporten finns en lista med åtgärder och behandlingar som förbättrat hälsan hos elöverkänsliga och hur stor procentandel av de intervjuade som uppger att de förbättrat hälsan.[109] Vi kan se listan som en rad hypoteser att testa enligt den hypotetiskt-deduktiva metoden.

---

[108] Torsten Thurén, *Vetenskapsteori för nybörjare*, (Tiger förlag, Saltsjö-Boo, 1991).
[109] Ann-Marie Lidmark, *Är de verkligen sjuka? Beskrivning av elöverkänsliga och tandvårdsskadade i samhället*, slutrapport från HET-projektet: 2:a upplagan: (Borås 2008), figur 21, s. 53; se även HET-projektet rapport 4/2007.

**Tabell 2. Vilka behandlingar har hjälpt dig att förbättra
hälsan sedan du blev elöverkänslig?**

	% av de intervjuade
Minskad exponering för EMF	77,0
Dental sanering	44,1
Näringsterapi/ kosttillskott	37,8
Andra behandlingar	28,6
B-12-injektioner	21,4
Homeopati	17,8
Massage	12,9
Akupunktur	12,6
Inte behandlats	12,6
Kiropraktik/ naprapati	7,4
Inget har hjälpt	7,3
Läkemedelsbehandling	5,7
Energi/ frekvensmedicin	5,6
Sjukgymnastik	5,5
Kognitiv terapi	2,3

Klar segrare är minskad exponering för elektromagnetiska fält, det vill säga elsanering som också innefattar all trådlös teknik. Behandlingar som tillhandahålls av samhället hamnar i bottenskiktet; läkemedelsbehandling, sjukgymnastik och kognitiv terapi. För att hitta en metod att förbättra hälsan hos de flesta elöverkänsliga är den hypotetiskt-deduktiva metoden tillräcklig. Det är också den metod vanliga människor använder för att lösa vardagens problem.

Hur vet dom det?

Hur vet en forskare om elektromagnetiska fält är riskfria eller ökar risken? Vanliga människors hypotetiskt-deduktiva metod lämnar ju en del frågetecken efter sig som vetenskapen inte accepterar.

Världshälsoorganisationen WHO:s avdelning för cancerforskning, IARC, har en lista med krav på den vetenskapliga bevisningen som beskriver vägen från obestämbart i grupp 3, via grupp 2B och 2A till cancerframkallande i grupp 1. För grupp 1 lyder det huvudsakliga kravet: "Tillräckliga bevis hos människor". Det betyder att forskningen visat ett orsakssamband och man har med rimlig säkerhet kunnat utesluta att slump, partiskhet och förväxlingsfaktorer givit resultatet. En förväxlingsfaktor är en annan faktor som förbisetts och åstadkommit resultaten. För grupp 2B "möjligen cancerframkallande", där radio- och mikrovågor samt magnetfält är placerade, gäller att forskningen visat ett samband som trovärdigt kan tolkas som ett orsakssamband, men slump, partiskhet och förväxlingsfaktorer har inte kunnat uteslutas med rimlig säkerhet.[110]

---

[110] IARC, *IARC Monographs Preamble*, (Lyon: 2019), s.31.

Tabell 3. IARC:s krav på bevisning för olika cancerklasser. Förenklat och med utgångspunkt från människor.

	Krav	1	2A	2B
Människor	Trovärdigt orsakssamband	Ja	Ja	Ja
	Förväxlingsfaktorer har kunnat uteslutas	Ja	Nej	Nej
Djur	Två eller fler studier visar samband	Nej	Ja	Nej

Vad som inte står i instruktionerna till dem som ska göra utvärderingar av hälsorisker kan vara lika viktigt. Är det den positivistiska metoden med bara hårda fakta som ska användas eller är det tillräckligt med de mer osäkra som induktion och den hypotetiskt-deduktiva? Hur hanteras det faktum att levande organismer är unika individer som reagerar efter egna inre lagar som gör att elektromagnetiska fält kan ha både en dämpande och stimulerande effekt?[111] Ska forskningsresultat som inte är samstämmiga betraktas som motstridiga så att det ena utesluter det andra och resultaten avfärdas eller som motsatta resultat av samma effekt och därmed ett bevis på påverkan? Resultatet av utvärderingen ska ju användas för att skydda människors hälsa och om kraven på vetenskaplig bevisning ställs för högt uteblir skyddet. Enligt BioInitiative Working Group är det rimligt att anta att elektromagnetiska fält leder till negativa hälsoeffekter[112] och IARC bygger sina cancerklassningar på rimlig säkerhet. Vad innebär rimligt?

---

[111] Marha, s. 42.
[112] BioInitiative,, "Conclusions Table 1-1", *2012*.

Exempel på utvärderingar

1992 beslutade USA:s kongress att på vetenskaplig grund avgöra om elektromagnetiska fält från kraftledningar utgör en hälsorisk. Uppdraget gick till National Institute of Environmental Health Sciences, NIEHS, National Institutes of Health, NIH, och Department of Energy, DOE.[113] Totala budgeten låg på 46 miljoner dollar med ett ansenligt finansiellt bidrag från kraftindustrin.[114] Nära 27 miljoner dollar användes till forskning. Avgörandet om hälsorisker skulle sedan baseras på tre principer:

1. Visa existensen av en mekanism som kan förklara hur elektromagnetiska fält leder till cancer.
2. Dos och effekt följs åt. Högre dos ger högre effekt.
3. Resultaten måste ge en sammanhållen bild.[115]

Forskningen gav ingen sammanhållen bild och projektet misslyckades därför på samtliga punkter. Slutsatsen blev att extremt lågfrekventa elektromagnetiska fält inte kan betraktas som helt ofarliga på grund av svaga vetenskapliga bevis för ökad risk för leukemi. Någon annan förklaring än magnetfält kunde inte pekas ut och på grund av att praktiskt taget alla är exponerade för dem ansåg NIEHS att det är motiverat att informera om hur exponeringen kan minskas.[116]

---

[113] "NIEHS REPORT on Health Effects from Exposure to Power-Line Frequency Electric and Magnetic Fields", National Institute of Environmental Health Sciences, *NIH Publication No.* 99-4493, Executive Summary i.

[114] NIEHS REPORT, ii.

[115] Marino, s. 374f.

[116] NIEHS REPORT, s. 36.

I EU har Scientific Committee on Emerging and Newly Identified Health Risks, SCENIHR, regelbundet gjort utvärderingar som lämnats till EU-kommissionen. SCENIHR har följt de regler för bevistyngd som utarbetats av European Food Safety Authority[117] och som fäster stor vikt vid samstämmighet (eng. consistency) och förenlighet mellan resultat från olika undersökningar.[118] SCENIHR hittar en mängd bevis för att elektromagnetiska fält skapar oönskade biologiska effekter, men de ger ingen sammanhållen bild och ingen mekanism som kan förklara resultaten hittades. Av det dras slutsatsen att det saknas avgörande eller övertygande bevis för en förhöjd hälsorisk.[119] Med hänvisning till SCENIHR:s rapport skriver EU-kommissionen i sin broschyr till allmänheten att det inte finns några avgörande bevis för att EMF skulle vara farliga.[120]

SCENIHR:s utvärdering som presenterades 2015 är också begränsad genom att den bara utvärderar forskning som tillkommit sedan förra rapporten från 2009.[121]

BioInitiative Working Group skriver att "beviskraven för att bedöma de vetenskapliga bevisen ska vila på goda principer för folkhälsa snarare än att kräva vetenskaplig säkerhet innan åtgärder vidtas".[122] De drar slutsatsen att

---

[117] SCENIHR 2015, s. 2.

[118] EFSA Scientific Committee, *Guidance on the use of the weight of evidence approach in scientific assessments*, European Food Safety Authority (EFSA): 2017, s. 1, 59.

[119] SCENIHR 2015, s. 225ff.

[120] "Does electromagnetic field exposure endanger health? New SCENIHR opinion examines latest data on health impact of latest technologies", *Easy to read summaries of scientific opinions*, European Commission: Health and Food Safety.

[121] SCENIHR 2015, s. 18.

[122] BioInitiative,, "Conclusions Table 1-1", *2012*, längst ner.

biologiska effekter av elektromagnetiska fält är tydligt fastställda och att dessa rimligen kan antas leda till negativa hälsoeffekter vid ständig exponering.[123] Gruppen skriver i sitt pressmeddelande att mobiltelefonanvändare, blivande föräldrar, små barn och gravida löper större risk och räknar sedan upp autism, hyperaktivitet, beteendestörningar, försämrad inlärning samt skador på spermier och DNA. Förutom detta finner gruppen ökad risk för sömnstörningar, cancer och neurologiska sjukdomar som Alzheimer.[124]

---

[123] BioInitiative,, "Conclusions Table 1-1", *2012*.
[124] BioInitiative, pressmeddelande, *BioInitiative 2012 Report Issues New Warnings on Wireless and EMF*.

Samhällets hantering

En naturresurs

Olika typer av trådlös kommunikation kräver radiovågor med olika våglängder för att inte störa varandra. Olika våglängd ger olika frekvens. Sökning på internet visar att sedan början på 2010-talet ses frekvensutrymmet som en naturresurs. Naturresurser kan hyras ut för användning, säljas och köpas.

Det kommersiella värdet av magnetfält från elnätet är noll eftersom de saknar praktisk nytta och bara är en biverkning av att vi använder elektrisk ström. För radio- och mikrovågor är värdet helt annorlunda. Sändningar av radioprogram startade omkring 1920, radar blev en hörnpelare för krigsmakter under 1940-talet, TV blev allmän under 1950-talet och mobil kommunikation för allmänheten startade så smått under 1980-talet. I Sverige fördelas nu frekvensutrymme för den mobila kommunikationen genom auktioner där frekvensområdet 2500 MHz till 2690 MHz för fjärde generationens mobila bredband, 4G, auktionerades ut 2008 och inbringade 2 099 450 000 kr plus 4 750 000 kr i handläggningsavgifter. Tillstånden som ropades in gäller i 15 år.[125] 2013 räknade EU-kommissionen med att användningen av frekvensutrymme stödde ekonomisk aktivitet till ett värde av över 250 miljarder euro per år, en användning som ständigt ökar.[126] 2021

---

[125] Post- & telestyrelsen, *Tillstånd att använda radiosändare I frekvensbandet 2500–2690 MHz enligt lagen (2003:389) om elektronisk kommunikation – LEK*, Beslut 2008-05-08, dnr: 08-417.
[126] Neelie Kroes vice ordf EU-kommissionen, *Thinking European, and winning the wireless race*, tal inför Radio Spectrum Policy Group, Bryssel 2013-02-20.

betalade mobiloperatörerna totalt 2 318 183 616 kr för frekvensområdet 3400 MHz till 3720 MHz för den 5:e generationens mobila bredband 5G.[127]

Kampen om gränsvärdena

"a 'biological approach' (...) will result in an unduly conservative standard which could not only restrict technological advances but would be unacceptable in terms of the loss of benefits accruing from technology; all for protection against questionable risks."

WHO.[128] (eng unduly sv otillbörlig)

Samhällets huvudsakliga metod för att hantera risker är gränsvärden. Det finns i huvudsak två filosofier för att fastställa dem. Den ena har sina rötter i USA:s försvarsmakt och industri medan den andra har tillämpats av det forna Östeuropas institutioner för arbetarskydd. Det har resulterat i att de Östeuropeiska gränsvärdena för radiofrekventa elektromagnetiska fält är en 100-del av dem med ursprung från USA och som Världshälsoorganisationen WHO förespråkar. 1998 startade därför WHO inom sitt EMF-projekt ett arbete för att harmonisera olika länders gränsvärden så att alla tillämpar lika eller liknande begränsningar. Skälen var att stora skillnader mellan nationella gränsvärden och internationella riktlinjer kan skapa förvirring hos tillsynsmyndigheter och beslutsfattare, öka allmänhetens oro och vara en

---

[127] Post- & telestyrelsen, *Beslut om tillstånd att använda radiosändare i 3,5 GHz- och 2,3 GHz-banden*, Beslut 2021-01-20 referens 18-8496.
[128] World Health Organization, *Framework*, s. 22.

utmaning för tillverkare och operatörer av kommunikationssystem som behöver skräddarsy sina produkter för varje marknad.[129] De två filosofierna presenterades och diskuterades under möten och seminarier som WHO genomförde i alla världsdelar under åren 2001-2003. Udden var och är riktad mot de Östeuropeiska gränsvärdena. EMF-projektets dåvarande chef dr Mike Repacholi sammanfattade fördelarna med harmoniseringen så här:

- ökat förtroende hos allmänheten när regeringar och forskare är överens om hälsorisker,
- minskad debatt om hälsorisker med EMF,
- alla skyddas i samma stora omfattning,
- ekonomiska fördelar för handel som resulterar i bättre sjukvård.

Det är rimligt att ICNIRP:s gränsvärden används som bas för ett internationellt acceptabelt ramverk för gränsvärden, avslutar Repacholi sin beskrivning av harmoniseringsprojektet.[130]

Öst

Den Östeuropeiska filosofin presenterades 2001 på harmoniseringsprojektets första möte i Varna i Bulgarien. Enligt den fastställs två gränser där den lägsta definieras som den gräns över vilken ett ämne regelbundet eller för hela livet skapar effekter hos människor. Men effekterna får inte orsaka kroppsliga eller mentala störningar eller andra förändringar av hälsotillståndet som ligger utanför kroppens förmåga till anpassning. Störningarna ska

---

[129] World Health Organization, *Framework*, s. 7. (WHO benämner de riktlinjer som utarbetats av ICNIRP som internationella).
[130] Repacholi, Bulgaria 2001.

kunna upptäckas medan de pågår, senare i livet eller hos framtida generationer. Enkelt uttryckt är det effekter som människor inte märker att de pågår som visar att den undre gränsen passerats. Den övre gränsen ligger ovanför området där kroppen kan anpassa sig och extrema och skadliga effekter uppstår. Den gränsen kallas maximal tillåten nivå. Tillåten nivå på strålningens intensitet och dos med hänsyn till tid beräknas.[131] Dos och nivå är inte samma sak eftersom dosen ökar vartefter tiden går medan nivån är konstant.

I Tjeckoslovakien användes mindre förfinade mål när gränsvärden togs fram i början på 1960-talet. Arbetet som ledde fram till gränsvärdena beskrevs 1969 på ett symposium i Richmond, USA.

Mätningar och intervjuer gjordes på uppskattningsvis 200 industrier, radio-, TV- och radarstationer. Vidare gjordes experiment med försöksdjur för att verifiera resultaten från arbetsplatserna. Det visade sig att effekten av upprepad bestrålning ackumuleras men att den till stor del är reversibel, att känsligheten ökar med tiden och att intensiteten i pulserna är viktigast, inte genomsnittet, samt att flera olika frekvenser samtidigt tycks ge större effekt. Därefter sattes gränsvärden så att symtom från centrala nervsystemet upphörde.[132]

---

[131] Michel Israel, "Philosophy of Standards in Eastern Europe and Ideas for Standards Harmonization", *Proceedings of the Eastern European Regional EMF Meeting and Workshop*, WHO, Varna, Bulgaria: 28 April - 3 May 2001.
[132] Cleary, s.188.

Väst

Den östeuropeiska motpolen representeras av WHO som beskriver mål-
sättning och tillvägagångssätt i *Framework for Developing Health-based EMF
Standards* som är ett ramverk för hur gränsvärden som skyddar befolkning-
ens hälsa och är baserade på vetenskap ska tas fram.[133] I ramverket kallar
WHO den Östeuropeiska filosofin för ett "biologiskt tillvägagångssätt",
med citationstecken, och betraktar det som otillbörligt eftersom det kom-
mer att resultera i gränsvärden som kan begränsa den tekniska utvecklingen
och är dessutom oacceptabelt genom förlusten av fördelar som följer med
tekniken.[134]

WHO:s krav på forskningen är i huvudsak att den ska visa ett samband
mellan dos och effekt och att resultaten ska upprepas av laboratorier obe-
roende av varandra samt att det finns en god kunskap om mekanismen som
skapar effekten. WHO har noterat att hela djur kan förstärka, minimera
eller neutralisera en effekt och kravet på mekanism syftar till att utvärdera
tvetydiga resultat. Om de flesta experimenten pekar mot att det inte finns
en effekt men en grupp visar att det gör det, ska man bedöma om de visade
effekterna beror på någon annan faktor.[135]

WHO skriver att gränsvärdet är den lägsta exponering under vilken inga
negativa hälsoeffekter har upptäckts. Som exempel används de gränsvärden
som tagits fram av the Institute of Electrical and Electronics Engineers,

---

[133] World Health Organization, *Framework*, s. 8.
[134] World Health Organization, *Framework*, s. 22.
[135] World Health Organization, *Framework*, s. 19f.

IEEE[136], och WHO:s samarbetspartner the International Commission on Non-Ionizing Radiation Protection, ICNIRP, vilkas gränsvärden kräver god förståelse av mekanismerna och att det verkligen finns en gräns där effekter uppstår, samt att effekter inte ackumuleras över tiden. Bevis för att effekter ackumuleras måste visa att små skador läggs till varandra innan de kan upptäckas. WHO påpekar att det tillvägagångsättet är beroende av omfattande forskning inklusive långtidsstudier utan vilka det är möjligt att sjukdom som visar sig efter lång tid inte tas någon hänsyn till.[137] Forskning där människor studerats i sin naturliga miljö gör det svårt dra slutsatser om orsakssamband skriver WHO, om inte beviset är starkt.[138] Som ett starkt bevis räknas fem gånger ökad risk.[139]

Kommentar

Den avgörande skillnaden mellan Öst och Väst är att Öst pekar ut målen för forskningen och inget mer, medan WHO beskriver hur arbetet med att ta fram gränsvärden ska gå till med tillägget att forskning som leder till gränsvärden som kan hindra den tekniska utvecklingen är både otillbörliga och oacceptabla. WHO:s modell har lett till gränsvärden som vilar på välkända mekanismer och skyddar mot omedelbara effekter, det vill säga uppvärmning av radio- och mikrovågor, samt stimulering av perifera nerver och muskler av elektriska och magnetiska fält.[140] Grunden för gränsvärdena är välkända mekanismer och experiment som kan upprepas om och om igen

---

[136] IEEE.org, på sin hemsida presenterar sig IEEE som "The professional home for the engineering and technology community worldwide".
[137] World Health Organization, *Framework*, s. 21.
[138] World Health Organization, *Framework*, s. 16.
[139] World Health Organization, *Framework*, s. 18.
[140] ICNIRP, s. 496.

med samma resultat och som därför ingen kan ifrågasätta. Hittills har utfallet av Östs modell blivit gränsvärden som ska skydda nervsystemet[141] och utgår från kroppens förmåga att kompensera för de elektromagnetiska fältens påverkan[142]. I Östs modell ingår studier av människor som utsatts för elektromagnetiska fält på extrema nivåer under arbetstid. Studier av människor som lever dygnet runt i den elektromagnetiska miljö vi har idag ingår inte i underlagen för några av gränsvärdena, varken från Öst eller Väst. Den centrala frågan blir om gränsvärdena skyddar. Svaret blir både ja och nej. Först ja. Det har inte framkommit något annat än att Västs gränsvärden håller vad de lovar och skyddar mot uppvärmning och dess omedelbara effekter. Men är de effekter som upptäckts när radio- eller mikrovåg nått en sådan intensitet att de skapar uppvärmning bara ett resultat av uppvärmningen? Vid en jämförelse mellan mikrovågor och infraröd strålning (värmestrålning) gav mikrovågor skador på testiklar hos råttor motsvarande över 1 på en fyrgradig skala efter en timme. Vid samma tidpunkt hade ännu inga skador av infraröd strålning uppstått. Vid nästa utvärdering efter två dygn och uppvärmning till 39 °C värderades skadorna av mikrovågor till 4 av 4 medan infraröd strålning gav 1,5 av 4. Vid de båda tidpunkterna och alla testade temperaturer fr.o.m. 35 °C t.o.m. 39 °C gav mikrovågor mer skador än infraröd strålning.[143]

Sovjetunionens sändningar av mikrovågor mot den amerikanska ambassaden i Moskva pågick under 26 år och det var bara under 9 månader som de

---

[141] Gordon, s. 67.

[142] Yury Grigoriev, "Methodology of Standards Development for EMF RF in Russia and by International Commissions: Distinctions in Approaches", i *Dosimetry in Bioelectromagnetics*, redaktör Marko Markov, CRC press, 2017, s. 319.

[143] Aleksandr S. Presman, *Electromagnetic Fields and Life*, (New York: Plenum press, 1970), s. 99.

ryska gränsvärdena överskreds. Sändningarna visade sig ge negativa hälso-
effekter hos ambassadpersonalen. Bland andra nedstämdhet, retlighet, kon-
centrationssvårigheter och minnesförlust som är symtom som härrör från
nervsystemet. Nej, Östs gränsvärden som är en hundradel av Västs skyddar
inte nervsystemet så som utlovas.

EU-parlamentet

I sin halvtidsöversyn från 2008 av den europeiska handlingsplanen för hälsa
och miljö tog EU-parlamentet upp WHO/ICNIRP:s gränsvärden som
EU:s ministerråd rekommenderar och skriver:

> Europaparlamentet konstaterar att de exponeringsgränser för elektromag-
> netiska fält som har fastställts för allmänheten är föråldrade eftersom de
> inte har uppdaterats sedan rådets rekommendation 1999/519/EG av den
> 12 juli 1999 om begränsning av allmänhetens exponering för elektromag-
> netiska fält (0–300 GHz). Gränserna har uppenbarligen inte heller anpas-
> sats till informations- och kommunikationsteknikens utveckling eller till de
> strängare normer som har införts av t.ex. Belgien, Italien och Österrike,
> eller med hänsyn till sårbara grupper som gravida kvinnor, nyfödda och
> barn.[144]

Tiden utan absolut kunskap – försiktighetsprincipen

I Sverige och större delen av Västvärlden tillämpas gränsvärden som base-
ras på WHO:s högsta möjliga krav på vetenskaplig bevisning som siktar på

---

[144] Europaparlamentets resolution av den 4 september 2008 om halvtidsöversynen av den euro-
peiska handlingsplanen för miljö och hälsa 2004–2010 (2007/2252(INI)).

en absolut kunskap. Inom EU kompletteras sedan gränsvärdet med försiktighetsprincipen vars uppgift är att fylla gapet mellan absolut kunskap och möjliga, troliga och sannolika risker. Det är risker som forskning visat finns men som det i varierande grad råder vetenskaplig osäkerhet om.

EU-kommissionen

1998, inför att EU skulle anta ICNIRP:s gränsvärden som rekommendation inom EU, utarbetade EU-kommissionen ett förslag som helt följer ICNIRP:s och WHO:s syn på gränsvärden och forskning. I sitt förslag skriver kommissionen.

> Dessa gemensamma rambestämmelser skall grundas på de bästa vetenskapliga data och forskningsresultat som finns att tillgå inom detta område och skall omfatta grundläggande begränsningar och referensnivåer för exponering för elektromagnetiska fält. Utlåtande i denna fråga har avgivits av ICNIRP och godkänts av kommissionens vetenskapliga styrkommitté.[145]

Det betyder att "bästa vetenskapliga data och forskningsresultat" är de som ger den högsta vetenskapliga säkerheten.

EU-parlamentet

I sitt ändringsförslag börjar EU-parlamentet med att lägga till ett nytt stycke som innehåller en hänvisning till försiktighetsprincipen.

---

[145] Europeiska gemenskapernas kommission, Förslag till rådets rekommendation om begränsning av befolkningens exponering för elektromagnetiska fält 0 Hz-300 GHz, KOM(1998) 268 slutlig, Bryssel den 11.06.1998.

En försiktighetsprincip finns inskriven i artikel 130r i EG-fördraget och det finns även en så kallad ALARA-princip (As Low As Reasonably Achievable).

När EU-kommissionen bara skriver "bästa möjliga data och forskningsresultat" lägger EU-parlamentet även till syftet.

> I enlighet med försiktighetsprincipen skall dessa gemensamma rambestämmelser, som kan stödja sig på den omfattande vetenskapliga dokumentation som redan finns, undanröja varje risk för folkhälsan, grundas på de bästa vetenskapliga data och forskningsresultat som finns att tillgå inom detta område och omfatta stränga grundläggande begränsningar och referensnivåer för exponering för elektromagnetiska fält, och dessa forskningsresultat skall regelbundet granskas och bedömas mot bakgrund av den ökade användningen av utrustning som kan öka exponeringen för elektromagnetiska fält.[146]

EU:s ministerråd – Rådet

I den slutliga versionen av rekommendationen om begränsning av befolkningens exponering för elektromagnetiska fält som beslutades av ministerrådet finns alla förslag med utom omnämnandet av försiktighetsprincipen och att varje risk för folkhälsan ska undanröjas. Istället står det att det "erinras om att endast säkerställda effekter har använts som grund för de rekommenderade begränsningarna av exponeringen". Den skrivningen öppnar för en tillämpning av försiktighetsprincipen för långtidseffekter och som

---

[146] Europaparlamentet, Betänkande om förslaget till rådets rekommendation om begränsning av befolkningens exponering för elektromagnetiska fält 0 Hz-300 GHz (KOM(1998)0268 - C4-0427/98 - 98/0166(CNS)).

en reaktion gör ministerrådet en nytolkning av innebörden av gränsvärdenas säkerhetsfaktor som inte fanns med i kommissionens förslag som behandlades av parlamentet.

> Eftersom det finns säkerhetsfaktorer på omkring 50 mellan tröskelvärdena för omedelbara effekter och de grundläggande begränsningarna omfattar denna rekommendation emellertid indirekt eventuella långtidseffekter inom hela frekvensområdet.[147]

Ministerrådets sammansättning varierar från gång till gång och bestod vid beslutstillfället av finansministrarna från medlemsländerna. Rekommendationen om gränsvärden var färdigförhandlad och togs därför upp som en så kallad A-punkt där ingen diskussion förväntas.[148]

EU-kommissionen förtydligar

Försiktighetsprincipen har "gett upphov till mycket diskussion och blandade och ibland motstridiga åsikter". Så inleder EU-kommissionen sitt meddelande KOM(2000) 1 slutlig om försiktighetsprincipen, som beskriver när och hur försiktighetsprincipen ska tillämpas. Försiktighetsprincipen ska tillämpas

---

[147] Rådets rekommendation av den 12 juli 1999 om begränsning av allmänhetens exponering för elektromagnetiska fält (0 Hz–300 GHz) (1999/519/EG), bilaga I avsnitt B.
[148] Rådets 2196:e möte – EKOFIN – Bryssel den 12 juli 1999; eu-upplysningen@riksdagen.se, e-post.

särskilt när preliminär saklig vetenskaplig bedömning ger vid handen att möjliga effekter på miljö, människors, djurs eller växters hälsa kan vara oacceptabla och inte stå i överensstämmelse med den höga skyddsnivå som valts för gemenskapen.

Arbetet med att tillämpa försiktighetsprincipen

bör (. . .) börja med en vetenskaplig utvärdering som är så fullständig som möjligt och om möjligt på varje stadium fastställa graden av vetenskaplig osäkerhet. Beslutsfattare måste vara medvetna om graden av osäkerhet som hör samman med resultaten av utvärderingen av tillgänglig vetenskaplig information. Att bedöma vad som är en "acceptabel" risknivå för samhället är främst ett *politiskt* [kommissionens kursivering] ansvar. Beslutsfattare som står inför en oacceptabel risk, vetenskaplig osäkerhet och allmänhetens oro är skyldiga att finna svar.[149]

EU:s miljöbyrå

2013 presenterade EU:s miljöbyrå en genomgång av 88 påstått falska larm om miljö- eller hälsorisker. 4 visade sade sig vara falska, 28 riktiga, 33 "juryn överlägger fortfarande", 7 hade för smal definition av risken, 10 var oreglerade, och i 6 fall hade risk vägts mot risk och åtgärder vidtagits.

Ett larm som inte lett till någon reglering räknades inte som falsklarm. Ett riktigt larm innebär en risk och verklig exponering för risken. Elektromagnetiska fält placerades i gruppen "juryn överlägger fortfarande".

---

[149] Europeiska Gemenskapernas Kommission, "KOM(2000) 1 slutlig om försiktighetsprincipen", *Meddelande Från Kommissionen*, (Bryssel den 2.2.2000).

EU:s miljöbyrå drar slutsatsen att en rädsla för att riskerna senare ska visa sig ogrundade inte är en grund för att undvika att tillämpa försiktighetsprincipen.[150]

Europarådet för mänskliga rättigheter

Europarådet förbereder en utvidgning av den Europeiska konventionen om de mänskliga rättigheterna till att även gälla en god miljö. Europarådets permanenta kommitté har därför antagit resolution 1815 med krav på:

- tillämpning av försiktighetsprincipen (5)
- minskade elektromagnetiska fält (8.1.1)
- omprövning av dagens gränsvärden (8.1.2)
- informationskampanjer om risker (8.1.3, 8.3.1)
- skydd för elöverkänsliga genom lågstrålande områden (8.1.4)
- rekommendationer för trådbunden kommunikation (8.2.4, 8.3.2)
- lokalt inflytande vid utplacering av mobilmaster (8.4.4)
- formulera en definition av försiktighets- och ALARA-principerna inriktad på mänskliga rättigheter (8.5.4).

Resolutionen baseras på ett betänkande om de möjliga riskerna med magnetfältens och den radiofrekventa elektromagnetiska strålningens inverkan på miljö och hälsa. Under 2010 och 2011 anordnades två utfrågningar med experter.[151]

---

[150] European Environment Agency, "Late lessons from early warnings: science, precaution, innovation", *EEA report* 1/2013, tabell 2.3 s. 35f.
[151] Europarådet för mänskliga rättigheter, "The potential dangers of electromagnetic fields and their effect on the environment", *Resolution* 1815.

Under omröstningen om resolution 1815 i Europarådets stående kommitté yrkade Sveriges representant på att punkt 8.3.2 som rekommenderar trådanslutningar till internet istället för trådlösa skulle strykas. Motiven var att forskarna inte är eniga i frågan och att det därför inte är säkert att de föreslagna åtgärderna minskar risken om de införs. Dessutom kan många skolor inte införa trådanslutningar. Yrkandet röstades ner.[152]

Debatten

Från 1935 då American Doctors Association såg fördelarna med kortvågsbehandling för att höja kroppstemperaturen och slog fast att elektromagnetiska fält inte har några biologiska effekter har nytta kontra risker legat till grund för debatten om hälsoriskerna. Frågan berör nu stora delar av allmänheten där en av sju (c:a 15 procent) har svarat att de haft besvär av bildskärmar eller lysrör under de senaste 14 dagarna[153] och en av tre (c:a 33 procent) har angett minst ett besvär de anser orsakas av trådlös teknik och elektriska apparater.[154] Trots det har debatten koncentrerats till dem som betraktar sig som känsliga, överkänsliga eller allergiska mot elektromagnetiska fält – de elöverkänsliga.

Gränsvärdena som WHO förespråkar och Sverige använder sig av skyddar bara mot omedelbara skadliga biologiska effekter[155]. WHO rekommenderar

---

[152] Europarådet för mänskliga rättigheter, Parliamentary Assembly Standing Committee, *Minutes of the meeting held in Kyiv on 27 May 2011*.
[153] Carlsson, Table 1 VDUs/FTL.
[154] infas, Übersicht 3.
[155] SSMFS 2008:18, Strålsäkerhetsmyndighetens allmänna råd om begränsning av allmänhetens exponering för elektromagnetiska fält.

därefter läkare att behandlingen av elöverkänsliga inte ska inriktas på "personens uppfattade behov av reducering eller eliminering av EMF på arbetsplatsen eller i hemmet".[156] I Miljöhälsorapport 2017 som ges ut av Folkhälsomyndigheten står det att "i experimentella studier har dock varken friska personer eller personer som rapporterar elöverkänslighet kunnat avgöra bättre än slumpen om de varit exponerade eller inte".[157] Elöverkänslighet som en inlärd reflex nämns ibland och då som en nocebo-effekt där negativa förväntningar utlöser eller förvärrar symtomen.[158] Men är det möjligt för en människa att avgöra när elektromagnetiska fält ökar eller minskar?

Förutsättningen för försökspersonerna att i experimentella studier avgöra om de är exponerade för någon form av elektromagnetiska fält är att de är medvetna om hur det förhåller sig. Inom psykologin kallas det perception som förklaras som "av högre hjärncentra strukturerade sinnesintryck".[159] Vi omges alltid av konstgjorda elektromagnetiska fält och eftersom människor inte har något sjätte elektromagnetiskt sinne som fungerar som de fem övriga finns heller ingen möjlighet att avgöra när fälten som används för experimentet är på eller av. Det är här inlärda reflexer som nocebo kommer in som förklaring till besvären som elöverkänsliga tydligt lider av och frågan uppstår hur de lärs in.

Nocebo-effekten har sin grund i klassisk betingning eller Pavlovsk betingning efter dess ryska upptäckare Pavlov. Han ringde i en klocka strax innan

---

[156] World Health Organization, "Elektromagnetiska fält och folkhälsan: Elöverkänslighet", *Faktablad* 296, 2005.

[157] Folkhälsomyndigheten, *Miljöhälsorapport*, 2017, s. 202.

[158] viss.nu, elkänslighet, Region Stockholm, kunskapsstöd; Hanna Brus, "Inget barn ska växa upp med rädsla för el", *Expressen: Debatt*, 14 maj 2016.

[159] Henry Egidus, *Psykologi*, (Läromedelsförlaget, Stockholm: 1970, 4:e upplagan), s. 85.

hundarna i försöken fick mat. Efter att detta upprepats ett antal gånger började hundarna utsöndra saliv redan när klockan ringde. Hundarna hade lärt sig att klockringningen betydde mat. Salivutsöndringen är en medfödd reflex som annars framkallas av synen av mat. Om klockan ringer ett flertal gånger och hundarna inte får mat avtar reflexen.[160] Nocebo-effekten kräver alltså erfarenhet för att läras in och upprepad erfarenhet för att bestå och visar därmed ett samband mellan elöverkänslighet och elektromagnetiska fält. För att människor genom erfarenhet ska kunna koppla ihop besvär med elektromagnetiska fält krävs bara vetskap om var de finns i större mängd än vanligt.

Ibland påstås det att det saknas bevis för elöverkänslighet. Men saknas det verkligen bevis för att människor kan bli sjuka av elektromagnetiska fält? Som visats tidigare beror det på vilka krav som ställs på bevisningen.

Samma fakta kan beskrivas på två sätt. WHO har inte bara angett förutsättningarna för sina gränsvärden utan också givit ut en handbok om hur en dialog med allmänheten om riskerna med elektromagnetiska fält ska genomföras. I den rekommenderas att nivåer och intensitet alltid bör jämföras med gränsvärdena.[161] En tusendel av gränsvärdet låter som lite men är fortfarande extremt mycket i jämförelse med den naturliga bakgrundsstrålningen som kan vara mindre än en miljarddels miljondel av gränsvärdet.

---

[160] Egidus, s. 101.
[161] World Health Organization, 2002, s. 40, 42.

Gränsvärden

Det finns flera olika principer för att sätta gränsvärden och alla ger olika resultat. Vilken princip som ska tillämpas är en filosofisk och politisk fråga. Lika viktigt är att inte förväxla säkerhetsnivå med säker nivå. Gränsvärden är en säkerhetsnivå där vissa risker accepteras i utbyte mot nytta och ekonomi medan säker nivå inte innebär några risker alls. De gränsvärden som används i Sverige bygger på största möjliga vetenskapliga säkerhet med känd mekanism för påverkan och reproducerbara forskningsresultat.

WHO, ICNIRP, EU, Sverige

Gränsvärde för magnetfält från elnätet	**100,0**	
	0,000 000 5	"Magnetfält från elnätet" med naturligt ursprung
Högsta genomsnitt uppmätt i bostad	**1,0**	
	0,003	Lägsta genomsnitt uppmätt i bostad
Fördubblad risk för barnleukemi jämfört med vanlig nivå i bostäder	**0,4**	
	0,08	Vanligaste nivån på magnetfält i bostäder

Magnetfält. Flödestäthet angiven i mikrotesla (μT).

För elektriska och magnetiska fält begränsas den ström som fälten skapar i en människa och förhindrar stimulering av perifera nerver och muskler. Begränsningen anges som strömstyrka per kvadratmeter i milliampere per kvadratmeter (mA/m²).[162]

För radiofrekventa fält, det vill säga radio- och mikrovågor, begränsas den energi som absorberas genom att omvandlas till värme och gränsvärdena förhindrar en temperaturökningen på 1 grad Celsius som i sin tur kan orsaka negativa biologiska effekter. Begränsningen för radiofrekventa fält anges i watt per kilogram (W/kg), det så kallade SAR-värdet, specific absorption rate (SAR). Eftersom syftet med gränsvärdet är att begränsa uppvärmningen går det att tillåta högre gränsvärden om bara en del av kroppen är exponerad.

Högsta gränsvärde för mobilstrålning **10 000 000,0**

Uppmätt i lägenhet med utsikt mot mobilmast **420 000,0**

0,000 000 0017 "Mobilstrålning" med naturligt ursprung

Lägsta nivå där effekter på människa observerats **30,0**

0,000 27 Krav för full funktion med 3G-telefon

Radio- och mikrovågor. Intensitet angiven i mikrowatt per kvadratmeter (μW/m2).

---

[162] ICNIRP, s. 496.

Tabell 4. Sverige. Grundläggande begränsning för trådlös teknik. SAR-värde i watt per kilogram (W/kg) och mikrowatt per kvadratmeter (µW/m²).

Frekvens	W/kg			µW/m²
	Hela kroppen	Lokalt mot huvud och bål	Lokalt mot armar och ben	
100 kHz - 10 GHz	0,08	2	4	–
10 GHz - 300 GHz	–	–	–	10 000 000

SAR-värdet går inte att mäta i en levande människa så därför används plast-dockor och plasthuvuden som fylls med vätska som simulerar kroppsdelar-nas elektriska egenskaper. Huvudingredienserna är vatten, socker, di-etylen-glykol-monobutyl-eter, polyoxietylensorbitanmonolaurat och olja med emulgeringsmedel. I mindre mängder används koksalt för att reglera den elektriska ledningsförmågan, cellulosa för att hålla sockret löst och konser-veringsmedel för att förhindra tillväxt av bakterier och svamp i vätskan.[163] Inte heller strömstyrka i milliampere per kvadratmeter låter sig enkelt mätas i en människa och därför har lätt mätbara referensvärden beräknats för ström- och SAR begränsningarna – utom för mobiltelefoner där endast SAR-värde används. Volt per meter (V/m) för elektriska fält, mikrotesla (µT) för magnetfält och mikrowatt per kvadratmeter (µW/m²) för radio- och mikrovågor är lätt att mäta utanför kroppen. Överskrids inte referens-värdena överskrids inte heller de grundläggande begränsningarna. Hela be-skrivningen av referensvärdena finns i Strålsäkerhetsmyndighetens allmänna

---

[163] SPEAG, "Maintenance of Tissue Simulating Liquids", s. 1.

råd om begränsning av allmänhetens exponering för elektromagnetiska fält; SSMFS 2008:18. De allmänna råden är inte juridiskt bindande utan rekommendationer.[164]

Tabell 5. Sverige. Referensvärden. Ett urval.

	Frekvens	V/m	µT	µW/m²
Elnätet	50 Hz	5000	100	–
Mellanfrekvens/ elektronik	300 Hz - 10 MHz	833 - 28	16,7 - 0,092	–
Trådlös teknik	10 MHz - 400 MHz	28	0,092	2 000 000
Trådlös teknik	400 MHz - 2 GHz	28 - 61	0,092 - 0,2	2 000 000 - 10 000 000
Trådlös teknik	2 GHz - 300 GHz	61	0,2	10 000 000

Referensvärdena minskar eller ökar med stigande frekvens beroende på den ström eller värme fälten skapar i kroppen. 1 W/m² är lika med 1 000 000 miljondels watt per kvadratmeter (mikrowatt per kvadratmeter, skrivs µW/m²)

Alla SAR-värden och referensvärden som baseras på SAR-värden är medelvärden angivna för en godtycklig 6-minutersperiod. Varför just 6minuter? Det tar 6 minuter att värma upp en människa 1 grad Celsius om hela kroppen utsätts för radiofrekventa fält som skapar ett SAR-värde på 4 W/kg.[165] Inom 6 minuter har också kroppens temperaturreglering hunnit starta och 6-minutersperiod kan sedan läggas till 6-minutersperiod i all oändlighet. Men

---

[164] Strålsäkerhetsmyndigheten, e-post, dnr SSM2017-542-1.
[165] Strålsäkerhetsmyndigheten, e-post, dnr SSM2014-128-1.

6 minuter gäller bara upp till 10 gigahertz. Över 10 gigahertz minskar tidsperioden så att den vid 60 GHz är 1 minut och 8,4 sekunder. Det finns heller inga SAR-värden för frekvenser över 10 gigahertz.

Östeuropa

Målet för gränsvärdena för radiofrekventa elektromagnetiska fält är att skydda nervsystem, immunförsvar och hjärnan. Gränsvärdet för mobiltelefoner ska skydda hjärnans funktion.[166] Gränsvärdena har satts med kroppens kompenserande och anpassande reaktioner som bas. Inte sjukliga förändringar.[167]

Gränsvärdena i tabellerna 6 och 7 är ryska från 1996. 2003 gjordes ett tillägg med rekommendationer och krav på placering och drift av landmobil radiokommunikation[168] och med ett särskilt avsnitt "åtgärder för att förebygga negativa effekter på människor av elektromagnetiska fält skapade av land-radiokommunikation". Där ingår krav på inhägnad och varningsskyltar. Personer under 18 år, gravida och bärare av pacemaker rekommenderas att minska användningen av mobiltelefoner så mycket som möjligt. De lägsta ryska gränsvärdena har justerats uppåt sedan de infördes.

---

[166] Grigoriev, s. 320.
[167] Grigoriev, s. 319.
[168] SanPiN 2.1.8 / 2.2.4.1190-03 (СанПиН 2.1.8/2.2.4.1190-03), Hygieniska krav för placering och drift av landmobil radiokommunikation.

Tabell 6. Ryssland. EMF för befolkningen, personer under 18 år och gravida.[169]

	Frekvens	V/m	μT	μW/m²
Elnätet	50 Hz	500	5	–
Mellanfrekvens/ elektronik	30 kHz - 300 kHz	25	–	–
Mellanfrekvens/ trådlös teknik	3 MHz - 30 MHz	15	–	–
Trådlös teknik	30 MHz - 300 MHz	3	–	–
Trådlös teknik	300 MHz - 300 GHz	–	–	100 000

Gäller inom bostads- och rekreationsområden, i bostäder, offentliga och industriella byggnader samt på arbetsplatser för personer under 18 år och gravida kvinnor. 1970 sattes gränsvärdet inom 300 MHz - 300 GHz för allmänheten till 10 000 μW/m² och höjdes 1978 till 50 000 μW/m² och 1996 ännu en gång till 100 000 μW/m².[170] 3 volt per meter inom 30 MHz - 300 MHz motsvarar 24 000 μW/m².

För allmänheten används fasta gränsvärden medan det vid yrkesmässig exponering finns en tidsfaktor som tillåter högre exponering under kortare tid. Förutsättningen för ett arbete eller en utbildning som kräver exponering för radiofrekventa elektromagnetiska fält under sådana förhållanden är en bedömning av energiexponeringen och regelbundna medicinska undersökningar.[171]

---

[169] SanPiN 2.2.4 / 2.1.8.055-96 (СанПиН 2.2.4/2.1.8.055-96), Elektromagnetisk strålning inom radiofrekvensområdet (EMF RF). Sanitära regler och förordningar, tabell 3.4.

[170] Grigoriev, s. 316.

[171] SanPiN 2.2.4 / 2.1.8.055-96, avsnitt 2.

Tabell 7. Ryssland. EMF för yrkesmässig exponering 300 MHz - 300 GHz (ett urval).[172]

Tid timmar	Intensitet µW/m²		Tid timmar	Intensitet µW/m²
8 och över	250 000		1	2 000 000
4	500 000		0,5	4 000 000
2	1 000 000		0,2	10 000 000

Vid exponeringstid mindre än 0,2 timmar är en ytterligare ökning av intensitetenen inte tillåten. På 1960-talet rekommenderades 100 000 µW/m² vid arbete under 8 timmar eller mer[173]. Gränsvärdet för yrkesmässig exponering har alltså höjts sedan dess.

Schweiz

Landet är unikt på så sätt att lagstiftningen anger att gränsvärden inte bara ska baseras på aktuell vetenskap utan också på allmän erfarenhet. Trots vissa tvivel på att WHO/ICNIRP:s gränsvärden motsvarar lagstiftningens krav har dessa valts på grund av bristen på övertygande alternativ[174] och fungerar som ett grundläggande skydd. Det har sedan kompletterats med förebyggande emissionsbegränsning i form av gränsvärden som inte baseras på hälsoeffekter utan på vad som är ekonomiskt och praktiskt genomförbart. Frasen "technisch und betrieblich möglich und wirtschaftlich tragbar ist" finns inlagd på flera ställen i lagtexten. En tillämpning av försiktighets-

---

[172] SanPiN 2.2.4 / 2.1.8.055-96, tabell 3.3.

[173] Gordon, s. 71.

[174] Jürg Baumann & Georges Goldberg, *Regulation for the Protection of the General Population in Switzerland.*

Tabell 8. Schweiz. Försiktighetsprincip för anläggningar.

Typ av anläggning	Gränsvärde (RMS)[a]	Driftläge
Kraftledningar och transformatorstationer	1 µT	Maximal belastning
Järnvägar	1 µT	Genomsnitt under 24 timmar vid belastning enligt tidtabell
Mobilmaster per anläggning 900 MHz ≥1800 MHz Övriga frekvenser	[b] 4 V/m (42 000 µW/m^2) 6 V/m (95 000 µW/m^2) 5 V/m (66 000 µW/m^2)	Maximal utstrålad effekt. För aktiva antennsystem gäller det som ett medelvärde under 6 minuter[c]
Radiostationer, lång- och mellanvåg	8,5 V/m (196 000 µW/m^2)	Maximal utstrålad effekt
Radar	5,5 V/m (80 240 µW/m^2)	Genomsnitt vid maximal effekt
Alla andra radiosändare	3 V/m (23 870 µW/m^2)	Maximal utstrålad effekt

[a] Elektromagnetiska fälten i tabellen är vågor och RMS betyder att värdet är ett medelvärde mätt under en obestämd tid och inte maxvärdet för eventuella pulser. Medelvärden är alltid lägre än toppvärden.

[b] Gränsvärdena för mobilmaster är angivna i V/m men här är de också omvandlade till µW/m^2 för att underlätta jämförelser.

[c] Aktiva antennsystem riktar automatiskt strålningen åt det håll där mottagaren finns.

principen som gäller per anläggning för alla nya och äldre installationer för mobiltelefoni medan äldre anläggningar för kraftöverföring och järnväg kan undantas. Förebyggande emissionsbegränsning tillämpas på alla platser med känslig användning vilket innebär alla byggnader där personer regelmässigt uppehåller sig längre tid samt offentliga och privata lekplatser fastlagda i detaljplan. De tillämpas också på mark som ännu inte är bebyggd och där känslig användning är tillåten.

BioInitiative Working Group

De beskriver sig själva som en grupp oberoende forskare och experter på folkhälsa.[175] En betydande del av dem är medlemmar i Bioelectromagnetics Society, en organisation för att främja utbyte av idéer till stöd för forskare, läkare och ingenjörer som är intresserade av elektromagnetiska fälts inverkan på biologiska system. BioInitiative rekommenderar gränsvärden för tillämpning av försiktighetsprincipen. För mobilstrålning är det med utgångspunkt från den lägsta nivå där forskningen visat effekter på hälsan plus en tiofaldig säkerhetsmarginal.[176] Den lägsta nivå där forskningen visat effekt

Tabell 9. BioInitiative Working Group	
RF EMF	3 - 6 µW/m²
Magnetfält 50 Hz	0,1 µT

av mikrovågor från basstationer för mobiltelefoni[177] är 30 µW/m² och en tiofaldig säkerhetsmarginal ger gränsvärdet på 3-6 µW/m². För magnetfält saknas säkerhetsmarginal. BioInitiative skriver att enda anledningen till att

---

[175] BioInitative.org, Who We are.
[176] BioInitiative,, "Conclusions Table 1-1", *2012*, längst ner,
[177] Gerd Oberfeld, Enrique A. Navarro, Manuel Portoles, Ceferino Maesto & Cladio Gomez-Perretta, "The Microwave Syndrome – Further Aspects of a Spanish Study", presentation *3rd International Workshop on Biological Effects of Electromagnetic Fields, 4-8 October 2004, Kos, Greece.*

0,1 mikrotesla valts för magnetfält är att den nivån använts som referens när fördubblad cancerrisk visats i gruppen högexponerade vid 0,4 mikrotesla och högre.[178]

Byggnadsbiologerna

Tabell 10. Byggnadsbiologiska riktvärden för sovplatser. Ett urval.

| | Elnätet 50 Hz | | Radiovågor |
	Magnetfält μT	Elektriska fält V/m	μW/m²
Ej avvikande	<0,02	<1	<0,1
Svagt avvikande	0,02 - 0,1	1 - 5	0,1 - 10
Starkt avvikande	0,1 - 0,5	5 - 50	10 - 1000
Extremt avvikande	>0,5	>50	>1000
Naturliga fält	>0,000 000 2	<0,0001	<0,000 001

Enligt byggnadsbiologisk mätstandard mäts elektriska fält dels i förhållande till elektriska skyddsjorden genom att mätaren är kopplad till den, dels fritt utan att mätaren är kopplad till skyddsjorden och dels som kroppens spänning i förhållande till skyddsjorden. I tabellen är elektriska fält i förhållande till skyddsjorden angivna.

Målet för Verband Baubiologi är sunda bostäder där riskfaktorer som mögel, bakterier, kemikalier, elektromagnetiska fält och joniserande strålning

---

[178] BioInitiative,, "Conclusions Table 1-1", *2012*, Rubrik: Group 1 carcinogen.

från radioaktiva material är reducerade i möjligaste mån. Måttstocken är naturen. Nivåer som är nästan oundvikliga i vårt samhälle räknas som ej avvikande. Platser där man sover har störst betydelse för återhämtning och risker på lång sikt.

Vanliga nivåer

Hur mycket strålar det i samhället?

Magnetfält

Tabell 11. Magnetfältsmätningar 1994 och 2010/2011. Värden i µT.

	Stockholm 1994	Bollnäs 1994	Stockholm 2011	Västra Götaland 2010
Medianvärde	0,079	0,034	0,052	0,085
Bostad med lägst medelvärde	0,019	0,004	0,003	0,003
Bostad med högst medelvärde	0,521	0,360	0,706	1,082
Andel bostäder med mer än 0,2 µT	5 %	4 %	6 %	15 %

Under hösten 2010 och våren 2011 mätte Strålsäkerhetsmyndigheten magnetfälten i 193 bostäder. Mätningarna var en uppföljning av de mätningar Socialstyrelsen gjorde 1994. Här redovisas huvuddragen i de båda mätningarna som omfattade Stockholms län, Bollnäs och Västra Götalands län.

Mätningarna omfattar 50 hertz, 150 hertz och om avståndet till järnväg var mindre än 400 meter även 16,7 hertz.[179]

Mellanfrekventa fält

Mellanfrekventa fält kallas också intermediära fält och när de sprids från elledningar och elektriska apparater kallas de högfrekventa störningar. De blev först bekanta som bildskärmsstrålning på 1980-talet men de är också en biverkning av all modern elektronik som mobilladdare, mobiltelefoner, datorer, LED- och lågenergilampor, spisar med induktionshäll och solcell-sanläggningar. Det är den tekniken som skapar störningarna på elledning-arna som i sin tur strålar ut som elektromagnetiska fält. Man brukar då tala om smutsig el. Mellanfrekventa fält spänner över ett område från 300 hertz, som är i närheten av elnätets 50 hertz, och upp till 10 megahertz (MHz) som är radiovågor.

Tabell 12. Mätningar av mellanfrekventa elektromagnetiska fält.

	V/m	µT
Kontor 10 kHz - 40 kHz[180]	Upp till 0,18	–
LED-lampa riktad neråt 30 cm under, 65 kHz[181]	0,6	0,02
Induktionsspis 15 cm framför, 25 kHz - 48 kHz[182]	–	2

[180] Martin Lundmark, Anders Larsson, Janolof Hagelberg, "Förstudie gällande förekomst av elektriska fält i kontorsmiljöer inom frekvensområdet 10 kHz - 30 MHz", *LTU Teknisk rapport* 2002:16, diagram sid 10.

[181] Jagadish Nadakuduti, Mark Douglas, Myles Capstick, Sven Kühn, Stefan Benkler, Niels Kuster, *Assessment of EM Exposure of Energy-Saving Bulbs & Possible Mitigation Strategies*, IT'IS Foundation, Project BAG/08.004316/434.0001/-13 & BFE/15350, Tabellerna 5 och 6.

Mätvärden för mellanfrekventa fält är inte jämförbara med dem som avser 50 hertz. Högre frekvens ger starkare ström genom kroppen om styrkan på de elektromagnetiska fälten är lika. 100 000 hertz magnetfält ger 1000 gånger starkare ström i ett barn än 100 hertz medan elektriska fält ökar strömmen 500 gånger om fälten träffar barnet framifrån (se också Mätning på sidan 143).

Radiofrekventa elektromagnetiska fält, RF EMF

Tabell 13. Översiktlig mätning av RF EMF. Intensitet $\mu W/m^2$.

	Landsort	Stad	Stockholm city
Medelvärde	230	1500	6700

2014 rapporterade Strålsäkerhetsmyndigheten efter att ha åkte omkring med antenn på biltaket och mätt i Ryssby, Ljungby, Ekerö, Göteborg, Helsingborg, Jönköping, Stockholm och Solna. Mobilstrålning dominerade i alla typer av samhällen. Radio, TV, mobiltelefoni och mobilt bredband. Allt mellan 87,5 MHz FM-radio och wifi på 2485 MHz ingår (tabell 13).[183]

---

[181] Jagadish Nadakuduti, Mark Douglas, Myles Capstick, Sven Kühn, Stefan Benkler, Niels Kuster, *Assessment of EM Exposure of Energy-Saving Bulbs & Possible Mitigation Strategies*, IT'IS Foundation, Project BAG/08.004316/434.0001/-13 & BFE/15350, Tabellerna 5 och 6.

[182] Gert Anger, "Magnetfält från induktionshällar", Statens Strålskyddsinstitut, *Strålskyddsnytt* nr 3-4/2003.

[183] Jimmy Estenberg, Torsten Augustsson, "Extensive frequency selective measurements of radiofrequency fields in outdoor environments performed with a novel mobile monitoring system", *Bioelectromagnetics*, 2014 Apr;35(3):227-30.

Nästa mätning är gjord i en lägenhet med utsikt mot en mobilmast på taket på grannhuset och på samma höjd som lägenheten. Vardagsrummet ligger bakom balkongen och längre in i lägenheten finns hallen.[184]

Tabell 14. RF EMF i lägenhet med utsikt mot mobilmast. Intensitet i $\mu W/m^2$.

	Balkong	Vardagsrum	Sovrum	Hall
Medelvärde 6 min	120 000	96 000	75 000	3100
Maxvärde	420 000	410 000	190 000	12 000

[184] Jimmy Estenberg, *Radiovågsmätningar Sandelsgatan 40 Stockholm*, rapport, Strålsäkerhetsmyndig-heten, dnr SSM2018-6163.

Teknikens krav

Hur hög intensitet måste radio- och mikrovågorna ha för att den trådlösa tekniken ska fungera på ett bekvämt sätt i de flesta situationer? Nationer och industrin samarbetar i organisationer som sätter de tekniska minimikraven för att mottagning ska fungera bekvämt.

Tabell 15. Teknikens krav på lägsta signalnivå. μW/m².

	Krav för bekväm funktion	Krav för funktion
FM-radio[185], [186]	0,000 67	0,000 003
TV 200 MHz[187], [188]	0,000 13	0,000 001-
TV 650 MHz	0,0011	0,000 133
GSM mobiltelefon[189]	0,0017	0,000 008
3G mobiltelefon[190],[191]	0,000 27	0,000 011

---

[185] ITU-R, *Recommendation ITU-R BS.412-9 (12/1998): Planning standards for terrestrial FM sound broadcasting at VHF*, International Telecommunication Union: Radiocommunication sector of ITU.

[186] Ofcom, *Prediction of the 'useable' coverage of FM radio services*, 2305/FMC/R/1/2.0, 14 June 2010.

[187] HiQ, Progira Radio Communication AB, *Teknisk utredning av användning av frigjort frekvensutrymme vid övergång till marksänd digital-TV*, för Post- & telestyrelsen.

[188] ITU-R, *Recommendation ITU-R BT.1368-4 Planning criteria for digital terrestrial television services in the VHF/UHF bands*, Internationella teleunionen, tabell 40 s. 33.

[189] ETSI, *GSM Technical Specification 05.05 March 1996 Version 5.0.0*, European Telecommunications Standards Institute, kapitel 5 första stycket och kapitel 6 avsnitt 6.2 data för small MS har använts.

[190] *Ansökan om ändrade tillståndsvillkor för tillhandahållande av nätkapacitet för mobila teletjänster av UMTS/IMT 2000 standard*, Post- & telestyrelsen diarienummer 04-9599/10, avsnitt 3.1.

[191] Post- & telestyrelsen, beslut, *Ansökan om ändring av tillståndsvillkor*, 7 december 2004.

Naturliga elektromagnetiska fält

Livet har anpassats till de elektromagnetiska fält som alltid har funnits på jorden. De konstgjorda fält som vi utsätter oss för dygnet runt är extremt mycket starkare än de naturliga och jämförbara. Men det är inte den enda skillnaden.

De naturliga elektromagnetiska fälten är oordnade och kommer oftast från många håll, medan de konstgjorda är välordnade och kommer i huvudsak från ett eller ett fåtal håll.[192] Det är alltså fråga om oordnade naturliga krafter mot välordnade och mycket starka. Det är viktigt eftersom biologiska effekter har sitt ursprung i att fälten är krafter som knuffar och drar i elektroner och elektriskt laddade atomer och molekyler i våra kroppar. Mikrovågor ordnade i pulser är också mer effektiva att framkalla biologiska reaktioner.[193] Åskvädrens betydelse är helt avgörande för den naturliga elektromagnetiska miljön över hela jordklotet.

Statiska elektriska och magnetiska fält

Dessa fält har en konstant riktning och en styrka som ändras mycket lite eller långsamt. Konstgjorda statiska elektriska fält finns runt den gamla tjocka typen av bildskärmar och tv-apparater samt kläder av vissa material. De konstgjorda statiska elektriska fälten kan ha en styrka upp till flera tusen volt per meter.

---

[192] Dimitris J Panagopoulos, Olle Johansson & George L Carlo, "Polarization: A Key Difference between Man-made and Natural Electromagnetic Fields, in regard to Biological Activity", *Scientific Reports* volume 5, Article number: 14914 (2015), s. 8.
[193] ICNIRP, s. 506.

Mellan jordytan och jonosfären 5 mil ovanför finns en spänning på 400 000 volt som skapar ett elektriskt fält på i medeltal 100 volt per meter vid jordytan och vackert väder. Det ökar kraftigt vid storm och på bergstoppar, upp till flera tusen volt per meter. Fältet varierar beroende på väder och var man befinner sig och därför blir variationerna så långsamma att fältet räknas som statiskt och kan inte jämföras med elektriska fält från elsystemet. Fältet skapas av åskväder genom att nio av tio blixtar som slår ner i marken lämnar en negativ laddning till jorden. Atmosfärens högre lager blir då positivt laddade i förhållande till jorden och genom att jonosfären är elektriskt ledande sprids laddningen jämnt runt hela jordklotet.[194]

Konstgjorda statiska magnetfält finns till exempel runt högtalare, spännen i mobilskal och väskor, kylskåpsmagneter och magnetlisten som håller dörren stängd i kyl- och frysskåp.

Kompassen ställer in sig efter jordens magnetfält och pekar mot norr. Det är 53 mikrotesla starkt i norra Sverige och med så långsamma variationer att det betraktas som statiskt och kan därför inte jämföras med magnetfält från elnätet. Däremot finns en oregelbunden variation omkring 3,5 hertz och 0,000 05 mikrotesla i öst-västlig riktning.[195]

Varierande elektriska och magnetiska fält – Schumannresonansen

Magnetiska och elektriska fält från elnätet växlar riktning fram och tillbaka 50 gånger per sekund och det kallas för 50 hertz, och för magnetfält är en

---

[194] Michael A. Gottlieb, Rudolf Pfeiffer, "Electricity in the Atmosphere", *The Feynman Lectures on Physics*, Vol. II Ch. 9, avsnitt 9-2.
[195] Data är hämtade från diagram och statistik på Institutet för rymdfysiks hemsida, <https://www2.irf.se//Observatory/?link[Magnetometers]=Related_sp_graphs>.

vanlig styrka i bostäder omkring 0,08 mikrotesla och för elektriska fält upp-skattningsvis 10-100 volt per meter men ökar snabbt i närheten av skarv-sladdar och elledningar. Blixtar i åskväder skapar varierande elektriska och magnetiska fält med en frekvens som liknar elnätets och som sprids runt jor-den i utrymmet mellan jordytan och den elektriskt ledande jonosfären. Re-sonansfrekvensen för det utrymmet är bara 8 hertz, eller svängningar per sekund, men med en rad övertoner med fallande styrka upp till 50 hertz där de upphör.[196] Vid 8 hertz har de elektriska fälten en styrka på mindre än 0,001 volt per meter och de magnetiska på mindre än en miljondels mikro-tesla (0,000 000 5 μT).[197] Fenomenet kallas Schumannresonansen efter dess upptäckare Winfried Otto Schumann. Eftersom det pågår många åskväder samtidigt, som skapar 50 till 100 blixtar per sekund, har också Schumann-resonansen många källor och bildar ett elektromagnetiskt brus i vilket reso-nansfrekvenserna bara är en del och framträder först efter datorbear-betning.[198] Jonosfären förlorar sin förmåga att reflektera radiovågor vid en frekvens på 30 megahertz. Alla radiovågor med en frekvens över 30 mega-hertz som skapats på jorden försvinner ut i rymden.

Mellanfrekventa fält

Åskvädren och kosmisk strålning skapar de naturliga mellanfrekventa fäl-ten[199] mellan 300 hertz och 10 megahertz. De karaktäriseras av mycket kort-variga pulser från blixtarna, extrema ju närmare blixten man befinner sig,

---

[196] Price, s. 4.
[197] Price, diagram s. 4.
[198] Price, s. 5
[199] Cesidio Bianchi, Antonio Meloni, "Natural and man-made terrestrial electromagnetic noise: an outlook", *Annals of Geophysics*, Vol. 50, N. 3, juni 2007, tabell I.

förstås, men varierar allmänt mellan maximum 0,25 volt per meter ner till som minst en miljarddels volt per meter (0,000 000 001 V/m).[200] En blixt strålar ut starkaste fälten omkring 5 000 hertz men i frekvensområdet för blixtens utstrålade energi ingår även synligt ljus. Vi kan ju se den om vi är tillräckligt nära. Uppskattningsvis 2000 åskväder jorden runt skapar 50-100 blixtar per sekund.[201]

Radiofrekventa elektromagnetiska fält

Här finns de naturliga elektromagnetiska fälten som motsvarar FM-radio, TV, mobiltelefoni och wifi. De kommer från solen och rymden samt det faktum att jorden har en medeltemperatur långt över den absoluta nollpunkten. Allt detta skapar ett elektromagnetiskt brus. Tabell 16 listar de naturliga radiofrekventa elektromagnetiska fältens styrka och intensitet vid några vanliga frekvenser för trådlös teknik. Jämför dem gärna med vanliga nivåer i samhället och teknikens krav i avsnittet Vanliga nivåer på sidan 82.

---

[200] David A., Weston, *Electromagnetic Compatibility: Methods, Analysis, Circuits, and Measurement*, CRC Press 2017, s. 5-7 figur 1.5d.
[201] Bianchi, s. 438.

Tabell 16. Naturlig bakgrundsstrålning vid frekvenser för trådlös teknik.[202]

	Fältstyrka V/m	Intensitet µW/m²
Kortvågsradio 10 MHz	0,000 000 01- 0,000 002	0,000 000 000 000 27- 0,000 000 011
FM-radio 100 MHz	0,000 000 1	0,000 000 000 027
TV 600 MHz	0,000 000 2	0,000 000 000 11
Mobiltelefoni 800 MHz	0,000 000 35	0,000 000 000 33
Mobiltelefoni 2100 MHz	0,000 000 8	0,000 000 001 69
Mobiltelefoni 3500 MHz	0,000 001 2	0,000 000 003 9

Jämförelser

Det svagaste ljud en människa kan höra har ett ljudtryck på 0 decibel, 85 decibel ger hörselskador och smärtgränsen går vid 120 decibel. Skillnaden i ljudtryck mellan 0 decibel och 120 decibel är en miljon gånger.[203] En molnig natt utan månsken är ljusets intensitet vid jordytan 0,0001 lux medan direkt solljus kan nå upp till 100 000 lux.[204] En skillnad på 10 miljarder gånger. Skillnaden i intensitet mellan vanliga nivåer av konstgjorda elektromagnetiska fält i samhället och de naturliga motsvarigheterna är inte mindre. Strålsäkerhetsmyndighetens mätning visar att radiovågornas intensitet för FM-radio i städer är 47 mikrowatt per kvadratmeter[205] vilket är 1740 miljarder

[202] Weston, s. 7 figur 1.5, 1.5a & 1.5c.
[203] Wikipedia <https://en.wikipedia.org/wiki/Sound_pressure>, hämtad 2022-08-22.
[204] Wikipedia <https://en.wikipedia.org/wiki/Lux>, hämtad 2022-08-28.
[205] Estenberg, 2014.

gånger högre än den kosmiska strålningens 0,000 000 000 027 mikrowatt per kvadratmeter vid samma frekvens. Gränsvärdet tillåter en intensitet som ligger 74 000 miljarder gånger högre än den kosmiska strålningen vid frekvensen 100 megahertz (MHz). Fram till att världen började elektrifieras i mitten på 1800-talet var elektromagnetiska fält med naturligt ursprung måttstocken för allt levande. Numera rekommenderar Världshälsoorganisationen WHO att när dialog med allmänheten förs ska konstgjorda elektromagnetiska fält jämföras med gränsvärdet.[206]

---

206 World Health Organization, *Establishing a Dialogue on Risks from Electromagnetic Fields*, s. 40.

Sverige

Elöverkänslighet

Elsanering

Med datorernas intåg på kontoren hade "bildskärmssjukan" blivit ett stort arbetsmiljöproblem och under 1990-talet hade frågan om elöverkänslighet kommit upp på den politiska dagordningen. Många fick sina arbetsplatser elsanerade och kunde fortsätta jobba och några fick även sina bostäder elsanerade. Då gav regeringen Boverket i uppdrag att kartlägga frågan om elsanering. I uppdraget ingick att undersöka i vilken utsträckning vidtagna åtgärder lett till önskat resultat. Eftersom det var en hälsofråga skickade Boverket den delen av uppdraget vidare till Socialstyrelsen vars undersökning sedan visade att elsanering har en positiv effekt, sambandet med elektromagnetiska fält är bara inte vetenskapligt bevisat. Socialstyrelsen sammanfattar:[207]

> Om kravet för att bidrag ska utgå ska vara att belagda samband ska föreligga mellan exponering för elektromagnetiska fält och symtom är kunskapsläget sådant att belagda samband saknas.
>
> Den genomförda undersökningen visar dock att de elöverkänsliga upplever en tydlig förbättring vad gäller funktionsförmåga och symtom i bostaden efter åtgärd.

---

[207] Socialstyrelsen, "Redovisning av uppdrag att kartlägga hälsoeffekter av elsanering i bostäder i samband med bostadsanpassningsbidrag", 1996-05-21, dnr 32-9581/95.

Den undersökning som genomfördes visade att "fjorton av de nitton personer som erhöll BAB [bostadsanpassningsbidrag] angav att deras besvär minskat kraftigt i bostaden efter åtgärderna."[208]

Funktionsnedsättning

Under 1900-talets sista årtionden ändrades synen på handikapp från att vara en fråga för individen till att ett handikapp uppstår i kontakten med en miljö som inte är anpassad till funktionsnedsättningen. Den praktiska innebörden fångas i rubriken på regeringens proposition om en ny handikappolitik, *Från patient till medborgare – en nationell handlingsplan för handikappolitiken.* I mars 2000 beslutade riksdagen enligt regeringens proposition. Medan ordet handikappolitik inte ändrades byttes handikapp till funktionshinder, men eftersom hindret finns i miljön ändrades det senare till att personen har en funktionsnedsättning. Därför används funktionshinder och funktionsnedsättning synonymt.

1995 beslutade regeringen att tillerkänna Föreningen för el- och bildskärmsskadade statsbidrag som handikapporganisation.[209] Definitionen på handikapporganisation fanns i Förordning om statsbidrag till handikapporganisationer SFS 1994:951 som ersatts av SFS 2000:7 från vilken citatet nedan är hämtat.

> 2 § Med handikapporganisation avses i denna förordning en organisation
> 1. vars medlemmar till övervägande del är personer som till följd av varaktiga funktionshinder möter stora svårigheter i det dagliga livet, och

---

[208] Bengt Järvholm, Birgitta Herloff, "Kommunalt bostadsbidrag för elsanering – utvärdering av effekter", Socialdepartementet 1996-05-23.
[209] Regeringsbeslut 8, 1995-06-21, Bidrag till handikapporganisationer.

2. vars ändamål är att förbättra livsvillkoren för personer med funktionshinder och bevaka deras intressen.

Hur definieras ett funktionshinder? Genom att besluta om statsbidrag till FEB anser regeringen att elöverkänslighet är ett funktionshinder. Frasen "möter stora svårigheter i det dagliga livet" är definitionen och den återkommer i lätt modifierad form i 1 § pkt 3 i lagen om stöd och service till vissa funktionshindrade.[210]

Denna lag innehåller bestämmelser om insatser för särskilt stöd och särskild service åt personer
1. med utvecklingsstörning, autism eller autismliknande tillstånd,
2. med betydande och bestående begåvningsmässigt funktionshinder efter hjärnskada i vuxen ålder föranledd av yttre våld eller kroppslig sjukdom, eller
3. med andra varaktiga fysiska eller psykiska funktionshinder som uppenbart inte beror på normalt åldrande, om de är stora och förorsakar betydande svårigheter i den dagliga livsföringen och därmed ett omfattande behov av stöd eller service.

Domar

Lagtexten visar att ett funktionshinder är något som orsakar betydande svårigheter i vardagen och rätten till stöd enligt lagen utgår om det bedöms som omfattande och inte beror på normalt åldrande. Någon skillnad mellan fysiska och psykiska funktionshinder görs inte. Elöverkänslighet blir då i svåra fall ett funktionshinder som berättigar till olika former av stöd. Elsa-

---

[210] SFS 1993:387. Lag om stöd och service till vissa funktionshindrade.

nering av bil har i vissa fall bifallits i domstolar. Försäkringskassans föregångare Riksförsäkringsverket tvingades ge bilstöd genom en dom i kammarrätten i Jönköping. Motivet för Riksförsäkringsverket att inte ge bilstöd var att svårigheterna skulle vara övergående.[211] Däremot gick kammarrätten i Göteborg istället på Försäkringskassans linje att inte ge bilstöd med hänvisning till att det inte finns något vetenskapligt stöd för uppfattningen att man inte kan använda allmänna kommunikationer på grund av omgivningens användande av mobiltelefoner.[212]

Anpassning av bostaden, vilket för elöverkänsliga innebär elsanering, har inte bifallits i domstol. Åtgärden blev mycket snart en domstolsfråga. 1998 avslog kammarrätten i Sundsvall ansökan om bostadsanpassningsbidrag med motiveringen att "då det inte är klarlagt att det finns ett samband mellan sådana symtom NN besväras av och exponering av elektromagnetiska fält kan det inte anses styrkt att den anpassningsåtgärd NN har ansökt om bidrag till är nödvändig för att bostaden skall vara ändamålsenlig som bostad för henne."

Rätten hänvisar alltså till ett krav som inte finns uttryckt i lagen om stöd och service, men har även beskrivit slutsatsen i Socialstyrelsens rapport från 1996 som visar att elsanering fungerar i de flesta fall. Så vad det var som hände? Socialstyrelsen hade fått undersökningsuppdraget från Boverket och i budgetpropositionen för år 1997 svarade regeringen på Boverkets rapport.

> Under hösten 1992 avslog regeringen (Socialdepartementet) ett antal överklagade ärenden om bidrag för elsanering. Överklagandena avslogs med

---

[211] Kammarrätten i Jönköping, dom 2002-05-15, mål nr 2644-2001.
[212] Kammarrätten i Göteborg, dom 2007-07-11, mål nr 1229-07.

hänvisning till ett yttrande från Socialstyrelsen i vilket det framhölls att det inte finns några vetenskapligt klarlagda samband mellan lågfrekventa elektriska fält och de symptom som avses. Genom att överklagandena avslogs blev det praxis att bidrag för elsanering inte lämnas.

I budgetpropositionen står det vidare:

> Enligt regeringens uppfattning visar de redovisade undersökningarna att det finns ett behov av att vidta ytterligare åtgärder för att förbättra kunskapsläget när det gäller elöverkänslighet. Mot den bakgrunden aviserar regeringen i dag, i den forskningspolitiska propositionen, att Rådet för arbetslivsforskning skall ges i uppdrag att utarbeta en forskningsöversikt och genomföra en utvärdering av både svenska och internationella forskningsresultat inom området. Regeringen bedömer emellertid att det inte är möjligt att på grundval av de nu redovisade undersökningarna om elöverkänslighet och bostadsanpassning lämna förslag om förändringar i reglerna för bostadsanpassningsbidrag.[213]

Kammarrätten i Sundsvall gick alltså på den rättspraxis som skapades innan Förenta nationernas generalförsamling antog standardreglerna för personer med funktionsnedsättning i december 1993, och innan regeringens beslut 1995 att ge FEB statsbidrag som handikappförbund. Och före regeringens proposition Från patient till medborgare om den nya handikappolitiken och som lads fram 2000. Elöverkänsligas rätt till bostadsanpassning är alltså inte prövad mot de ambitioner som gäller idag. I nästa steg får Rådet för arbetslivsforskning huvudrollen.

---

[213] Proposition 1996/97:1 Förslag till statsbudget för budgetåret 1997, utgiftsområde 9 B, Omsorg om äldre och personer med funktionshinder.

Rådet för arbetslivsforskning – RALF-rapporten

1995 fick Rådet för arbetslivsforskning i uppdrag av regeringen att sammanställa resultaten av forskningen om elöverkänslighet och redovisa hur mycket pengar som satsats. I rådets redovisning nämner regeringen särskilt "att det finns stora svårigheter med att definiera elkänslighet och att det idag inte går att få en realistisk uppfattning om problemets omfattning." Man kan ana att regeringen började tappa tålamodet när den i 1997 års forskningsproposition gav Rådet för arbetslivsforskning nästa uppdrag.

> Trots den stora forskningsinsats som skett på elektriska och magnetiska fält har enighet ännu inte kunnat uppnås om tolkning av resultaten. Ytterligare forskning pågår dock. En ny avstämning av forskningsläget bör ske om några år. Regeringen avser därför att ge Rådet för arbetslivsforskning i uppdrag att senast år 1999 redovisa en utvärdering av såväl svenska som internationella forskningsresultat på området. Med denna utvärdering som grund bör en koncensuskonferens anordnas.[214]

Om regeringen haft förhoppningen att koncensuskonferensen skulle sluta i koncensus mellan forskare och elöverkänsliga kan slutresultatet istället beskrivas som konfrontation. Arbetet var brett upplagt med olika workshops till vilka även Föreningen för el- och bildskärmsskadade (FEB) var inbjudna. Men FEB uppfattade att de från början hade ett underläge. "Alla de forskare som expertgruppen föreslog skulle ingå i workshopen tillhörde den falang som tror att elöverkänslighet har en psykologisk orsak", sade FEB:s ordförande Lennart Svensson till Miljömagasinet. Senare upprördes FEB

---

[214] Proposition 1996/97:5 Forskning och samhälle, D1 Del 2. Departementsavnitten.

av att två av experterna i rådet börjat arbeta för Telia Mobiles vetenskapliga råd.[215]

I rapporten till regeringen, som vanligen går under namnet RALF-rapporten, beskrivs vägen till vetande och beslut.

> Vetande har två sidor: en beskrivande och teoretisk samt en praktisk som tar sig uttryck i kompetens i hantering (kunskap om effektivitet av ett visst handlande). Ett beslut uppfattas som rationellt om det inte strider mot vad vi vet enligt båda dessa sidor – enligt den bästa kunskapen för dagen.

Vilket värde expertgruppen satte på det praktiska vetandet visades i praktiken. Inför en öppen hearing om elöverkänslighet inbjöds den som ville, elöverkänslig eller anhörig, att skriva ner sina erfarenheter eller berätta muntligt under hearingen.[216] Alla som gav sitt tillstånd skulle sedan få sitt bidrag publicerat i en sammanställd rapport. Publiceringen genomfördes aldrig med hänvisning till att det saknades pengar.[217] I RALF-rapporten, som kom lätt försenad 2000, står det att:

> Bidragen till hearingen var av mycket skiftande innehåll, då de medverkande själva fritt kunde välja vad de ville fokusera på. Det är därför inte möjligt att utifrån detta underlag dra några slutsatser om förekomst och typisk besvärsbild avseende elöverkänslighet.

---

[215] Kenneth Samuelsson, "Elöverkänsliga drabbas av bristfällig utredning", *Miljömagasinet*, 2000-03-03.
[216] Bergqvist, 2000.
[217] Rigmor Granlund-Lind, John Lind, *Svart på vitt: Röster och vittnesmål om elöverkänslighet*, Mimers brunn kunskapsförlaget (Sala 2002).

De skriftliga bidragen till hearingen var insända till myndigheten Rådet för arbetslivsforskning och därmed offentlig handling. Ett urval kunde därför publiceras anonymiserade i boken *Svart på vitt*, tillsammans med en sammanställning av inrapporterade besvär och de elektriska apparater och den trådlösa teknik som brevskrivarna ansåg orsaka besvären.[218] Boken gavs ut med stöd av Cancer- och allergifonden, Elöverkänsligas förbund (FEB), Svenska industritjänstemannaförbundet (SIF) och TCO development. Av bidragen framgår det att vetandets teoretiska sida står i stark kontrast till den praktiska vilket noterades i RALF-rapporten.

> Elöverkänslighet är, och förblir sannolikt inom överskådlig framtid, ett kontroversiellt ämne i och med den diskrepans som finns mellan dessa resultat och de drabbades egna erfarenheter av elektromagnetiska fälts roll vid elöverkänslighet.

Risker med elektromagnetiska fält

Vetenskapsrådet och Forskningsrådet för arbetsliv och socialvetenskap

2003 fick Forskningsrådet för arbetsliv och socialvetenskap (FAS) regeringens uppdrag att bevaka forskningen om elöverkänslighet.

> FAS skall bevaka forskning om elöverkänslighet. Inom ramen för detta uppdrag skall rådet vartannat år, med början år 2003, i samråd

---

[218] Granlund-Lind, *Svart på vitt*.

med de forskningsaktörer, myndigheter och andra som FAS finner lämpligt, dokumentera och informera om kunskapsläget.[219]

Genom ett nytt uppdrag till Vetenskapsrådet 2004 breddades uppdraget till att inte bara gälla elöverkänslighet och värderingen skulle gälla forskningens kvalitet och inriktning.

> Vetenskapsrådet skall i samråd med berörda forskningsfinansiärer, myndigheter och branschföreträdare utarbeta en analys över forskningen inom området hälsoeffekter av elektromagnetiska fält samt värdera den nationella forskningens kvalitet och inriktning i ett internationellt perspektiv.[220]

Vad det innebär att den nationella forskningens kvalitet och inriktning skulle värderas i ett internationellt perspektiv kommer att ha stor betydelse.

Efter åtta rapporter kom slutresultatet 2012. I sammanfattningen, som inleds med en beskrivning av vad som var känt 10 år tidigare, behandlas bara radiovågor. RF står för radiofrekvent.

> Mekanismen för interaktion mellan RF-fält och människa har varit känd sedan länge och består i att temperaturen i exponerad vävnad ökar (jmf mikrovågsugnar) (. . .) Även om fullständig säkerhet aldrig kan erhållas så har det hittills inte framkommit något som tyder på att den sedan länge etablerade mekanismen om temperaturstegring inte skulle vara en tillräcklig grund för riskvärdering.

---

[219] Socialdepartementet, Regleringsbrev för budgetåret 2003 avseende Forskningsrådet för arbetsliv och socialvetenskap, 2002-12-19.
[220] Utbildningsdepartementet, Regleringsbrev för budgetåret 2004 avseende Vetenskapsrådet, ändringsbeslut 2004-06-23.

Och så var regeringens uppdrag slutfört. Det finns inga andra risker än uppvärmning som man behöver ta hänsyn till.[221]

Överraskningen

Vad innebär det när regeringen beskriver ett uppdrag som att följa eller bevaka forskningen, informera om kunskapsläget, analysera och utvärdera den nationella forskningen i ett internationellt perspektiv? Två av medlemmarna i FAS arbetsgrupp som skrivit rapporterna var också medlemmar i ICNIRP, organisationen som utarbetat de gränsvärden som Sverige använder, och frågan om jäv och partiskhet blev aktuell. På en fråga om jäv svarade huvudsekreteraren för uppdraget att "i arbetsgruppens uppdrag ingår inte att utvärdera om risker föreligger under ICNIRP:s gränsvärde/riktlinje".[222]

Och mycket riktigt, regeringen har aldrig givit något uppdrag att rapportera om möjliga, troliga och sannolika risker och med vilken vetenskaplig säkerhet dessa kan vara verkliga risker. På så sätt har varken kommunpolitiker eller allmänhet kunnat tillämpa försiktighetsprincipen på elektromagnetiska fält, undantaget är magnetfält. Regeringens ståndpunkt förtydligas i preciseringarna av Sveriges miljömål.

---

[221] Anders Ahlbom, Maria Feychting, Yngve Hamnerius, Lena Hillert, *Radiofrequency electromagnetic fields and risk of disease and ill health: Research during the last ten years*, Forskningsrådet för arbetsliv och socialvetenskap, Stockholm: 2012.
[222] Forskningsrådet för arbetsliv och socialvetenskap, e-post dnr 2008-3145.

Sveriges miljömål

2010 beslutade riksdagen enligt regeringens proposition om Sveriges miljö-
mål att målet för säker strålmiljö ska vara att "människors hälsa och den bio-
logiska mångfalden ska skyddas mot skadliga effekter av strålning".[223] I pro-
positionen står det vidare att "strålsäkerhetsarbetet måste ses som en helhet
och omfatta alla miljöer där någon kan utsättas för strålning och samtliga
typer av strålning som kan leda till skadliga effekter".[224] Ansvarig myndig-
het för miljömålet säker strålmiljö är Strålsäkerhetsmyndigheten.

2009 hade Strålsäkerhetsmyndigheten rekommenderat "att försiktighetsprin-
cipen tillämpas inom två områden; allmänhetens exponering för magnetfält
från kraftledningar och vid användning av mobiltelefon". Det var inga ny-
heter. Försiktighetsprincipen hade börjat tillämpas för magnetfält under
1990-talet och för användning av mobiltelefon 2005 [225], samma år som en
svensk undersökning från Karolinska institutet visat att användning av mo-
biltelefon ökar risken för hörselnervstumör[226]. Strålsäkerhetsmyndigheten
utformade då sina mobilregler med tips på hur man undviker onödig strål-
ning från den egna mobiltelefonen.

2012 förtydligade sedan regeringen miljömålen genom preciseringar. Preci-
seringen för elektromagnetiska fält lyder fortfarande: "Exponeringen för

---

[223] Miljö- och jordbruksutskottets betänkande 2009/10:MJU25.
[224] Samma, s. 31.
[225] Statens strålskyddsinstitut, skärmdump, hämtad 2005-11-18.
[226] Stefan Lönn, Anders Ahlbom, Per Hall & Maria Feychting, "Mobile phone use and the risk
of acoustic neuroma", *Epidemiology* 2004 Nov;15(6):653-9.

elektromagnetiska fält i arbetslivet och i övriga miljön är så låg att människors hälsa och den biologiska mångfalden inte påverkas negativt."[227]

Magnetfält

Sverige var tidigt ute med att tillämpa försiktighetsprincipen på magnetfält. 1996 gav fem myndigheter ut *Myndigheternas försiktighetsprincip om lågfrekventa elektriska och magnetiska fält - en vägledning för beslutsfattare* som beskriver hur fälten bör hanteras.

> Om åtgärder, som generellt minskar exponeringen, kan vidtas till rimliga kostnader och konsekvenser i övrigt bör man sträva efter att reducera fält som avviker starkt från vad som kan anses normalt i den aktuella miljön. När det gäller nya elanläggningar och byggnader bör man redan vid planeringen sträva efter att utforma och placera dessa så att exponeringen begränsas.

Tillämpning av försiktighetsprincipen hade då föregåtts av både forskning och mätningar. 1993 hade en svensk undersökning publicerats som visade 2,7 gånger högre risk för leukemi hos barn vid magnetfält över 0,2 mikrotesla.[228] Den nivån blev sedan riktmärke för tillämpning av försiktighetsprincipen.

1994 visade Socialstyrelsens mätning att medianvärdet för magnetfält i bostäder i Stockholm var 0,079 mikrotesla. Värdet baserades på medelvärden från varje bostad så i vissa rum kunde magnetfälten vara högre. I Stockholm

---

[227] Svenska miljömål - preciseringar av miljökvalitetsmålen och en första uppsättning etappmål, Ds 2012:23 Regeringens beslut 2012 M2012/1171/Ma.
[228] Feychting, 1993.

hade 11 procent av bostäderna minst ett rum med högre magnetfält än 0,2 mikrotesla.[229] När Strålsäkerhetsmyndigheten upprepade mätningarna 2012 hade 12 procent av bostäderna magnetfält över 0,2 mikrotesla. Medianvärdet för alla bostäder var 0,052 mikrotesla på våren och 0,085 mikrotesla på vintern. Vanligaste nivåerna på magnetfält i bostäder är alltså väl samlade kring 0,075 mikrotesla. Efter att IARC använt sig av en studie av sammanlagda forskningsdata som visade fördubblad risk för leukemi hos barn över 0,4 mikrotesla har den nivån blivit den nya tillämningen av försiktighetsprincipen.

Elektriska fält

Till skillnad mot magnetfält avskärmas elektriska fält av väggar i hus och visar stora lokala variationer från någon volt per meter upp till flera hundra volt per meter intill en sladd i bostaden. Forskning om hälsorisker är därför svår att göra och ger stor osäkerhet. 2001 placerade IARC elektriska fält i klass 3 "obestämbart". Ingen försiktighetsprincip tillämpas.

Mellanfrekventa fält

Det här är elektromagnetiska fält med snabbare variationer än de växlande och extremt lågfrekventa fält som skapas av elnätet vid kraftöverföring. När de människor som arbetade vid bildskärm blev sjuka av dem skapades TCO-normen för bildskärmar för att minska problemen. Numera skapas de av all modern elektronik och belysning som i sin tur påverkar strömmens flöde i elledningarna så att även de sprider mellanfrekventa fält. Spisar med

---

[229] Socialstyrelsen, "Magnetfältsmätningar i bostäder och på daghem", *SoS-rapport* 1994:18. I rapporten används nanotesla (nT) som är en tusendels mikrotesla.

induktionshäll sprider mellanfrekventa elektromagnetiska fält långt starkare än dem från bildskärmar då energin överförs till kastruller och stekpannor genom magnetfält.[230] Kraftiga källor är solcellsanläggningar och särskilt de med optimerare i varje solcellspanel.[231]

Forskningen om biologiska effekter och hälsa är mycket sparsam och ingen försiktighetsprincip tillämpas på mellanfrekventa fält. Tillsammans med radiovågor utgör de mellanfrekventa fälten de största problemen för elöverkänsliga. Staten har periodvis stött installering av solceller ekonomiskt – även på bostadshus.

Radiofrekvent strålning

2011 fann IARC ett orsakssamband mellan radiovågor och cancer men kunde inte med rimlig säkerhet utesluta förväxlingsfaktorer och cancerklassningen blev 2B "möjligen cancerframkallande" som för magnetfält tio år tidigare. IARC:s klassning av radio- och mikrovågor har inte utlöst någon tillämpning av försiktighetsprincipen som för magnetfält trots att IARC inte gör någon begränsning till viss teknik, nivåer eller dos. Underlaget för klassningen är undersökningar som visat ökad risk för cancer efter användning av mobiltelefon vilket Strålsäkerhetsmyndigheten tolkar som att försiktighetsprincipen bara gäller mobiltelefoner. På sin hemsida rekommenderar Strålsäkerhetsmyndigheten att man ska minska onödig exponering från den egna mobiltelefonen och ger förslag på hur det kan gå till.

---

[230] Gert Anger, 2003.
[231] Karina Fors, Sara Linder & Thomas Ranström, "Radiostörningar från solcellsanläggningar: Kartläggning av störningsproblematik i Sverige och omvärlden", Totalförsvarets forskningsinstitut, *Rapport*: FOI-R--5021--SE, kap 2.

Myndigheter

Strålsäkerhetsmyndigheten

Strålsäkerhetsmyndigheten, SSM, har givit ut rekommendationer för begränsning av elektromagnetiska fält som uppstår vid överföring av elektricitet eller som används för radiokommunikation, populärt kallade gränsvärden. De har titeln *Strålsäkerhetsmyndighetens allmänna råd om begränsning av allmänhetens exponering för elektromagnetiska fält* och betecknas också SSMFS 2008:18. De gavs ut första gången som SSIFS 2002:3 enligt EU:s ministerråds rekommendation 1999/519/EG som har ICNIRP:s rekommendationer som grund (se sidorna 34 och 64f). Strålsäkerhetsmyndighetens gränsvärden är allmänna råd och inte tvingande lag.

Folkhälsomyndigheten

Enligt hemsidan är myndigheten "en nationell kunskapsmyndighet som arbetar för en bättre folkhälsa. Det gör myndigheten genom att utveckla och stödja samhällets arbete med att främja hälsa, förebygga ohälsa och skydda mot hälsohot." Folkhälsomyndigheten vägleder kommunerna i frågor om hälsoskydd i bostäder och lokaler m.m. enligt miljöbalken.[232] På hemsidan finns en sida om elektromagnetiska fält och i början uppger Folkhälsomyndigheten att den följer forskningen, men har man frågor om forskning uppmanas man att kontakta Strålsäkerhetsmyndigheten. Folkhälsomyndigheten svarar överhuvudtaget inte på frågor om elektromagnetiska fält. "Elektromagnetiska fält i din boendemiljö eller allmänna lokaler, kontakta miljö- och hälsoskyddsnämnden i din kommun (. . .) Hälsoeffekter, se Institutet för

---

[232] Miljötillsynsförordning (2011:13) 3 Kap 4 a §.

Miljömedicins informationssida om icke-joniserande strålning (. . .) Upplevda hälsobesvär, kontakta hälso- och sjukvården (. . .).[233]

Energimarknadsinspektionen

För att bygga och använda en kraftledning krävs tillstånd enligt ellagen (1997:857), en så kallad nätkoncession för linje (koncession). Koncessionsansökan sänds till Energimarknadsinspektionen som remitterar handlingarna till samtliga berörda instanser. När koncession beviljas gäller tillståndet i regel tillsvidare. I en ansökan om koncession ska det enligt ellagen ingå en miljökonsekvensbeskrivning (MKB).[234] Ansökan om koncession ska även innehålla kartor och teknisk beskrivning m.m. Ändring som inte ryms inom de ursprungliga villkoren för koncessionen kräver nytt beslut av Energimarknadsinspektionen.[235]

Svenska kraftnät

En myndighet som driver det svenska stamnätet av kraftledningar som till stor del består av de stora kraftledningarna mellan norr och söder.[236] I samråden för nya eller förändrade kraftledningar beskrivs beräkningen av magnetfält så här:

> Magnetfältet mäts, beräknas och redovisas normalt i en nivå ca 1-1,5 meter ovanför markytan. När magnetfältet anges, används ett värde som beräknas

---

[233] Folkhälsomyndigheten, *Elektromagnetiska fält.*
[234] Ellag (1997:857) 2 kap 17 §.
[235] Energimarknadsinspektionen, "Nätkoncession för linje".
[236] Svenska kraftnät, Transmissionsnätskarta, https://www.svk.se/

ur årsmedelvärden av strömmen för ett antal år för den aktuella förbindelsen. Det värde som används överskrids endast av 5 % av alla beräknade årsmedelvärden (95 %-percentilen). För helt nya ledningar används beräknade strömmar som skattas på motsvarande sätt där man tar hänsyn till förväntad överföring på den nya ledningen. [237]

5 procent av beräknade årsmedelvärden är samma sak som ett år av 20. Att det är ett årsmedelvärde innebär att magnetfälten kan överskrida 0,4 mikrotesla halva året om de underskrider gränsen lika mycket under den andra halvan.

Beräkningar för nya ledningar görs genom att dela upp ett år i tretimmarsperioder och magnetfälten beräknas för varje period utifrån simuleringar. I simuleringarna används modeller av väderförhållanden under 33 tidigare år samt det framtida planerade elnätet och prognoser av energibehovet. En prognos sträcker sig alltså 33 år framåt i tiden och innehåller över 96 000 tretimmarsperioder.[238]

Post- och telestyrelsen

1 § i Post och telestyrelsens instruktioner anger att myndigheten har ansvar för posten och elektronisk kommunikation och ska verka för att målen inom politiken för informationssamhället uppnås. Det innebär bland annat att främja tillgången till elektroniska kommunikationstjänster och utbyggnaden

---

[237] Svenska kraftnät, *Ny 220 kV-ledning Nackaskarv–Högdalen, Underlag för samråd om utbyggnadsförslag april 2016*, s. 22.
[238] E-post från Svenska kraftnät.

av bredband och mobiltäckning i alla delar av landet samt följa uppkomsten av eventuella miljö- och hälsorisker.[239]

All användning av radiosändare är på något sätt reglerad eller kräver tillstånd. Apparater som mikrovågsugnar, wifi och radiostyrda leksaker kräver inte tillstånd men då är läckage eller sändareffekt reglerade och apparaterna får bara använda frekvenser inom ett ISM-band. ISM står för Industrial Scientific Medicin och det finns sex sådana områden av vilka 2400-2500 megahertz är det mest kända då det används av mikrovågsugnar och wifi. Kapitel tre i lag om elektronisk kommunikation beskriver vilka möjligheter Post- och telestyrelsen har att införa begränsningar i tillstånden och därmed inrätta områden där radiovågorna har lägre intensitet än annars. Tillstånden för mobiltelefoni i frekvensområdet 3400-3720 megahertz (5G) innehåller sådana begränsningar för Onsalahalvön med Onsala rymdobservatorium och sydligaste Gotland med dess militära anläggningar. Begränsningarna är bara tillåtna för att bland annat undvika skadlig störning och skydda människors liv och hälsa.

Miljöbalken

Syftet med lagen.

> 1 kap. Miljöbalkens mål och tillämpningsområde
> 1 § Bestämmelserna i denna balk syftar till att främja en hållbar utveckling som innebär att nuvarande och kommande generationer tillförsäkras en hälsosam och god miljö.

---

[239] Förordning (2007:951) med instruktion för Post och telestyrelsen, 1 §, 4 § pkt 4, 8.

Elektromagnetiska fält är en typ av icke-joniserande strålning. Annat liknande är oro som på byråkratsvenska kallas psykisk immission.

9 kap. Miljöfarlig verksamhet och hälsoskydd
1 § Med miljöfarlig verksamhet avses)
(. . .)
3. användning av mark, byggnader eller anläggningar på ett sätt som kan medföra olägenhet för omgivningen genom buller, skakningar, ljus, joniserande eller icke-joniserande strålning eller annat liknande.

2 kapitlet Allmänna hänsynsregler m.m.
3 § Alla som bedriver eller avser att bedriva en verksamhet eller vidta en åtgärd skall utföra de skyddsåtgärder, iaktta de begränsningar och vidta de försiktighetsmått i övrigt som behövs för att förebygga, hindra eller motverka att verksamheten eller åtgärden medför skada eller olägenhet för människors hälsa eller miljön. I samma syfte skall vid yrkesmässig verksamhet användas bästa möjliga teknik.

Dessa försiktighetsmått skall vidtas så snart det finns skäl att anta att en verksamhet eller åtgärd kan medföra skada eller olägenhet för människors hälsa eller miljön.

Vem ska kontrollera att den som bedriver en verksamhet som skapar elektromagnetiska fält följer miljöbalken?

26 kapitlet Tillsyn
1 § Tillsynen skall säkerställa syftet med denna balk och föreskrifter som har meddelats med stöd av balken.

Tillsynsmyndigheten skall för detta ändamål på eget initiativ eller efter anmälan i nödvändig utsträckning kontrollera efterlevnaden av miljöbalken samt föreskrifter, domar och andra beslut som har meddelats med stöd av balken samt vidta de åtgärder som behövs för att åstadkomma rättelse. I fråga om miljöfarlig verksamhet eller vattenverksamhet som omfattas av tillstånd skall tillsynsmyndigheten även fortlöpande bedöma om villkoren är tillräckliga.

Tillsynsmyndigheten skall dessutom, genom rådgivning, information och liknande verksamhet, skapa förutsättningar för att balkens ändamål skall kunna tillgodoses. Lag (2005:182)

Stockholm

Funktionshindersrådet för stadsbyggnads- och exploateringsnämnden frågade:

> Hur hanterar staden synpunkter från planprocessen och vilken kontroll utövas över att de gränsvärden som utlovas i planbeskrivning uppnås?

> Bygglovsavdelningens avdelningschef Mats Kager svarar att de flesta av transformatorstationerna tillkommer utan detaljplan. Det är undantag att detaljplaner har gränsvärden. Boverkets byggregler, BBR, anger inga gränsvärden utan det är upp till byggherren själv att ansvara för att gränsvärden följs. Den nämnd som har beslutanderätt i frågan är miljö- och hälsoskyddsnämnden eftersom gränsvärden främst är en hälsofråga.[240]

Funktionshindersrådet för Miljö- och hälsoskyddsnämnden frågade miljöförvaltningen om deras arbete med elektromagnetiska fält och fick svaret:

> Miljöförvaltningen arbetar inte med tillsynsarbete eller direkt förebyggande arbete.[241]

---

[240] Minnesanteckningar från Stadsbyggnads- och Exploateringsnämndens funktionshindersråds möte med stadsbyggnadsnämnden 2015-10-15.
[241] Råd för funktionshinderfrågor vid fastighetsnämnden och miljö- och hälsoskyddsnämnden i Stockholm, *Protokoll* 7/2017 från 4/9 2017 pkt 7 där föredragande beskriver miljöförvaltningens arbete med elektromagnetiska fält.

Gubbängsfältet

Över Gubbängsfältet löper en kraftledning i öst-västlig riktning. 1995, inför planeringen av kvarteret Polygripen söder om Majrovägen gjorde Svenska Kraftnät mätningar av magnetfälten som visade nivåer under 0,2 mikrotesla vid husgavlarnas läge c:a 30 meter från kraftledningen. Eftersom mätningarna gjordes under januari och februari när elförbrukningen troligen är högst betyder det att årsmedelvärdet sannolikt blir lägre än 0,2 mikrotesla som var stadens miljömål enligt Miljöprogram 2000.[242]

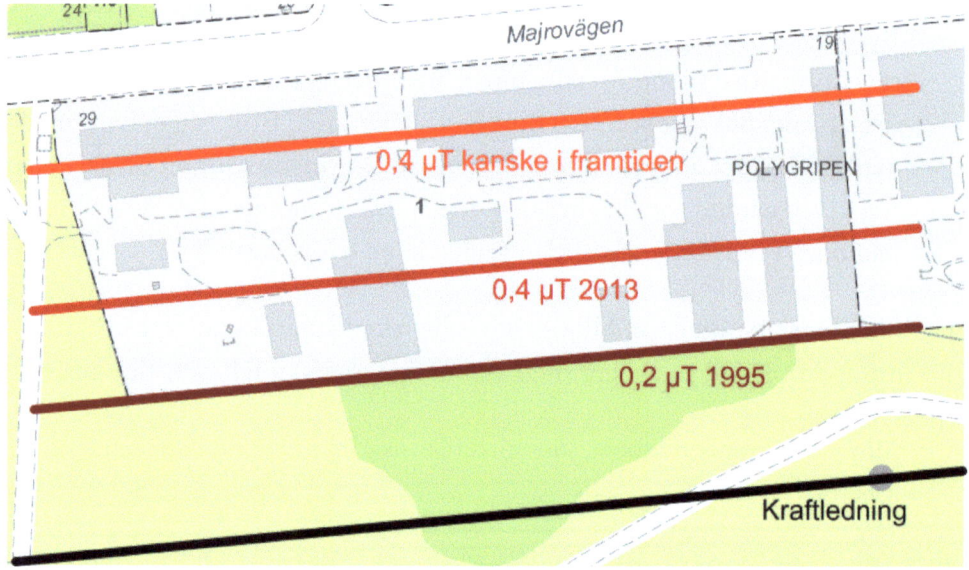

År 2013 beslutade exploateringsnämnden att anvisa mark för en förskola intill samma kraftledning. Svenska Kraftnät beräknade då att det krävdes 45 meters avstånd för att inte överskrida 0,4 mikrotesla i årsmedelvärde och

[242] Stadsbyggnadskontoret, *Planbeskrivning för del av kv Polygripen inom stadsdelen Gubbängen i Stockholm*, Dp 95004.

114

om spänningen höjs från 220 000 volt till 400 000 volt kommer det att behövas 75 meter för att inte överskrida 0,4 mikrotesla.[243] För dem som bor i husen i kvarteret Polygripen betyder 75 meter att praktiskt taget hela kvarteret kommer att ha magnetfält över 0,4 mikrotesla i årsmedelvärde.

Elnätstationer

Transformatorn i en elnätstation är en järnklump där magnetfält överför energin från kraftledningen till hushållens elledningar. Magnetfälten följer järnet och en mycket liten del av dem läcker ut. Transformatorn är också som en magnet där magnetfälten går från nordpol till sydpol så att spridningen till omgivningen snabbt avtar med avståndet. Om det går vagabonderande ström i rörledningar inom området utgör kablarna från elnätstationen ett större problem då magnetfälten från dem ökar (se avsnittet om vagabonderande ström på sidan 129). På grund av bristande

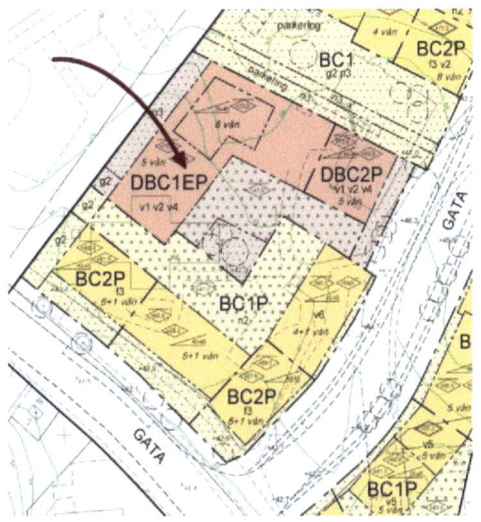

Stora Sköndal. Elnätstationen märkt E vid pilen föreslås ligga i sockelvåningen till ett äldreboende. Dessutom inte intill gatan där elkablar brukar ligga och då måste fler elkablar dras genom kvarteret.

---

[243] Stadsbyggnadskontoret, *Planbeskrivning: Detaljplan för fastigheten Borrsvängen 11 m.fl. i stadsdelen Gubbängen* i Stockholm, Dp 2013–10233.

kontroll av magnetfält är det fel att lägga elnätstationer i eller intill bostadshus.[244]

Stockholmarnas inställning

Tabell 17. Brukar du oroa dig för strålning från kraftledningar och mobilmaster?

	Alltid	Oftast	Ibland	Sällan	Aldrig	Vet ej
2007	3	5	14	19	57	3
2010 kvinnor	2	3	17	18	56	3
2010 män	2	2	10	15	68	3

Frågan fanns bara med åren 2007 och 210 och var bara uppdelad på män och kvinnor 2010. Andel i procent. Miljöprogrammen från och med 2012-2015 saknar alla mål för elektromagnetiska fält. 2012 var året då regeringen preciserade miljömålet säker strålmiljö till att det inte finns några negativa effekter av konstgjorda elektromagnetiska fält.

På Miljöbarometern redovisar staden sitt miljöarbete. För åren 2002-2006 var ett av målen att "antalet personer som utsätts för magnetfält över 0,2 mikrotesla (μT) i årsmedelvärde ska inte öka". Miljöprogrammet för 2008-2011 saknar mål för magnetfälten inomhus. Istället hämtas resultat från enkätundersökningen Miljö och miljövanor i Stockholm som genomförts vart tredje år från och med 2004. Oro för strålning från kraftledningar och mobilmaster har minskat från 7 procent 2007 till 5 procent 2010 vilket ses som

---

[244] Stadsbyggnadskontoret, *Planbeskrivning: Detaljplan för del av fastigheten Sköndal 1:1 m fl. i stadsdelen Sköndal*, S-Dp 2014-14343; *Plankarta: Sköndal 1:1 m.fl.*, S-Dp 2014-14343.

en förbättring. I redovisningen av Miljö och miljövanor finns en mer detaljerad bild. 40 procent är sällan, ibland, oftast eller alltid oroade. 4 till 8 procent är alltid eller oftast oroade (tabell 17).[245],[246]

Uppföljning av planer

2018 presenterade stadsrevisionen sin genomgång av miljöbedömda planer och program. De skriver att "vi har noterat att det fortfarande, trots våra tidigare påpekanden, inte sker en systematisk uppföljning av den betydande miljöpåverkan som de planer och program som miljöbedömts antas leda till."[247]

---

[245] Stockholms stads utrednings och statistikkontor AB, "Stadsdelsinvånarna om: Miljö och miljö-vanor i Stockholm", Medborgarenkät 2007, bilaga 3 – Tabeller.

[246] Stockholms stads utrednings och statistikkontor AB, "Stadsdelsinvånarna om: Miljö och miljö-vanor i Stockholm", Medborgarenkät 2010 inklusive tabeller.

[247] Stadsrevisionen, *Uppföljning av miljöpåverkan i stadsplaneringen*, nr 6 2018, Projektrapport från Stadsrevisionen, dnr 3.1.3-129/2018.

Motioner om elöverkänslighet

Under åren 1994-2001 lades flera motioner som berör elöverkänslighet i Stockholms kommunfullmäktige. Debatten fördes mellan dem som ville agera utifrån den praktiska kunskap som redan fanns och de som väntade på de teoretiska förklaringarna.

> "Det är ganska svårt att begripa hur man å ena sidan kan säga att man förstår de människor som lider och å andra sidan inte vidtar några åtgärder".[248]

Flerbostadshus åt elöverkänsliga

Motionen 1994:153, av Dick Urban Vestbro (v), kommunfullmäktige beslutade enligt kommunstyrelsens förslag att

1. ge stadsbyggnadsnämnden ansvaret att för stadens räkning följa utvecklingen rörande boende för elöverkänsliga
2. ge stadsbyggnadsnämnden i uppdrag att utreda finansiella förutsättningar för byggande av ett bostadshus för elöverkänsliga, liksom skillnader i utförande såväl som kostnader
3. ge stadsbyggnadsnämnden i uppdrag att inom sex månader redovisa utredningsresultatet för stadsbyggnadsnämnden, socialnämnden, gatu- och fastighetsnämnden samt styrelsen för Familjebostäder AB och i samband med stadsbyggnadsnämndens verksamhetsberättelse återrapportera till kommunfullmäktige
4. därmed anse motion 1994:153 av Dick Urban Vestbro (v) bifallen.

---

[248] Margareta Olofsson, Kommunfullmäktige, Stockholm: 2000-03-06, § 26, anförande 209.

Reservationer anfördes av borgarråden Carl Cederschiöld, Sten Nordin och Agneta Rehnvall (alla m) som tidigare reserverat sig i borgarrådsberedningen samt Birgitta Rydell (fp) med hänvisning till borgarrådet Jan Björklunds (fp) reservation i borgarrådsberedningen. Reservationerna går mycket kort ut på att det inte skulle vara helt säkert att elöverkänsligas besvär beror på elektromagnetiska fält utan kan ha många andra orsaker och därför är det fel att staden satsar så stora resurser som att bygga ett hus anpassat för elöverkänsliga. Michael Arthursson (c) reserverade sig till förmån för sitt eget förslag som i mindre grad avviker från kommunstyrelsens.[249]

Något anpassat hus har ännu inte byggts. I stadsbyggnadskontorets tjänsteutlåtande ses elsanering som en bättre väg, men som kontoret i nästa motion ville vänta med.

Hjälp till elöverkänsliga

6 mars 1995 lämnade Dick Urban Vestbro och Jean Anderson (båda v) in motion 1995:26 om hjälp till elöverkänsliga. Den handlar om bostadsanpassningsbidrag för elsanering.

I tjänsteutlåtandet till motionen ville Stadsbyggnadskontoret vänta på mer bevis på kopplingen mellan elektromagnetiska fält och elöverkänslighet och ansåg att elsanering är ett principbeslut som måste fattas av Boverket och Socialstyrelsen. Stadsbyggnadsnämnden gick istället på motionärens linje. Miljöförvaltningen pekade på alla svårigheter och tyckte att det borde vara effektivare att elsanera redan när huset byggs. Förvaltningens nämnd, Miljö-

---

[249] Utlåtande 1996:20 RIII, dnr 931/94, Flerbostadshus åt elöverkänsliga: Motion av Dick Urban Vestbro (v) 1994:153; Kommunfullmäktige protokoll 12 1996-06-17.

och hälsoskyddsnämnden, var av samma åsikt men tillstyrkte motionen. Socialförvaltningens tjänsteutlåtande låg i linje med motionens och Socialnämnden ställde sig bakom det.

Den 26 augusti 1996 föreslog kommunstyrelsen fullmäktige besluta att

1. adekvat utbildning om elöverkänslighet fortlöpande ges till ansvariga i staden (bostadsanpassningsbidrag, socialdistrikt m fl) inom ramen för miljö och hälsoskyddsnämndens allergiprogram
2. förmedling av elsanerade bostäder sker så att elöverkänsliga beviljas bostadsanpassningsbidrag och hemtjänst på samma villkor som människor med andra handikapp och där varje ärende bedöms individuellt
3. hos regeringen hemställa om ett bättre kunskapsunderlag för kostnadsberäkningar av angelägna åtgärder som minskar risken för elskador
4. i övrigt bifalla motionen av Dick Urban Vestbro (v) och Jean Anderson (v).[250]

Borgarrådet Rehnvall (m) yrkade bifall till moderata samlingspartiets reservation i kommunstyrelsen. Kommunfullmäktige beslutade därefter utan omröstning enligt kommunstyrelsens förslag.[251]

I Stadsbyggnadskontorets verksamhetsberättelse för 1999 redovisas elsanering separat och under åren 1997 till och med 1999 inkom 23 ansökningar, 15 beslut fattades och 800 000 kr betalades ut i bidrag vilket ger en kostnad

---

[250] Utlåtande 1996:33 RVII, dnr 229/95, Hjälp till elöverkänsliga: Motion av Dick Urban Vestbro (v) och Jean Anderson (v), 1995:26.
[251] Protokoll fört vid Stockholms kommunfullmäktiges extra sammanträde i Stadshuset måndagen den 26 augusti 1996 kl 16.00, § 6.

på 63 000 kr per elsanering. Under samma tid kostade övrig bostadsanpass-
ning 13 200 kr per beslut, totalt 189 400 000 kr.[252]

Inrättande av elektromagnetiska frizoner i Stockholm

Den 30 september 1997 lämnade kommunstyrelsens handikappråd in skri-
velsen *Inrättande av elektromagnetiska frizoner i Stockholm*. 25 januari 1999 åter-
remitteras ärendet,[253] men den 6 mars 2000 blev det beslut. Kommun-
styrelsen föreslog kommunfullmäktige besluta att

1. översända föreliggande utlåtande till miljödepartementet, näringsdeparte-
    mentet och socialdepartementet för att hos regeringen aktualisera frågan
    om elektromagnetiska fält
2. ge miljö- och hälsoskyddsnämnden i uppdrag att bevaka pågående forsk-
    ning kring hälsoeffekterna av elektrisk och magnetisk strålning
3. anse skrivelsen från kommunstyrelsens handikappråd besvarad.

I borgarrådsberedningen hade Annika Billström och Olivia Wigzell (båda
s) reserverat sig för en fjärde punkt att

> ge berörda nämnder i uppdrag att genomföra ett samrådsmöte med berörda
> aktörer i syfte att utröna vilka möjligheter som finns till kartläggning av bas-
> stationer för mobiltelefoni i Stockholms stad samt utröna möjligheter till
> inrättandet av så kallade elektromagnetiska frizoner

---

[252] Stadsbyggnadskontorets verksamhetsberättelse med bokslut för 1999, bihang 2000:21, s. 25.
[253] Protokoll fört vid Stockholms kommunfullmäktiges sammanträde I Stadshuset måndagen
den 25 januari 1999 kl 16.00, § 14.

I kommunfullmäktige anfördes reservation av Annika Billström, Barry Andersson, Dag Larsson och Lars Rådh (alla s) med hänvisning till reservationen av (s) i borgarrådsberedningen. Margareta Olofsson och Ann-Marie Strömberg (båda v) anförde reservation som lyder:

> Vi föreslår kommunstyrelsen föreslå kommunfullmäktige besluta att
>
> 1. i en skrivelse till regeringen hemställa om en ändring av PBL som medger krav på bygglov för mobiltelefonsändare, även sådana som är placerade på byggnader
> 2. uppdra åt stadsbyggnadskontoret att kartlägga staden med avseende på basstationer för mobiltelefoni i syfte att utröna om det finns områden som är fria eller som kan utvecklas till att bli fria från strålning från dessa basstationer
> 3. uppdra åt miljöförvaltningen att i samarbete med stadsbyggnadskontoret i en utredning söka bedöma vad det skulle innebära i kostnader och annat att skapa en zon fri från basstationer för mobiltelefoner i Stockholm inom ett område som är tillräckligt stort för att tillfredsställa de krav som framförs av Föreningen för El- och Bildskärmsskadade.

En fjärde punkt i reservationen var ett längre anförande som uteslutits här.

Vivianne Gunnarsson och Christopher Ödman (båda mp) uttryckte sina ståndpunkter i ett ersättaryttrande där att-sats 1 var lika som i (v) reservation och liksom den också slutade med ett längre anförande som utelämnats här.

> 1. i en skrivelse till regeringen hemställa om en ändring av PBL som medger krav på bygglov för mobiltelefonsändare, även sådana som är placerade på byggnader

2. inom Stockholm stad ska gälla att företag som vill ställa upp mobiltele-fonsändare ska samråda med GFN[254] och anmäla platserna till det register som bör införas
3. uppdra åt SBN att kartlägga staden med avseende på basstationer för mo-biltelefoni i syfte att utröna om det finns områden som är fria eller som kan utvecklas till att bli fria från strålning från dessa basstationer
4. uppdra åt MHN att i samarbete med SBN i en utredning söka bedöma vad det skulle innebära i kostnader och annat att skapa en zon fri från basstationer för mobiltelefoner i Stockholm inom ett område som är till-räckligt stort för att tillfredsställa de krav som framförs av Föreningen för El- och Bildskärmskadade
5. uppdra åt MHN och SBN att tillsammans med andra kommuner finna ytterligare skyddade områden och miljöer i regionen[255]

Omröstningen gick till votering där kommunstyrelsens förslag vann med röstsiffrorna 49 mot 48.[256]

Bostäder för elallergiker

Motion 2001:11 av Ann-Marie Strömberg och Dick Urban Vestbro (båda v).

2001 ägde Stockholm mark i angränsande kommuner och på en del av mar-kerna fanns det torp utan elektricitet. Ofta var de i behov av reparation för att fungera som året-runt-bostäder. I motionen krävdes att ett eller flera

---

[254] Förkortningar: Gatu- och fastighetsnämnden (GFN), Stadsbyggnadsnämnden (SBN), Miljö- och hälsoskyddsnämnden (MHN).
[255] Utlåtande 2000:44 RVII (Dnr 1603/97), Inrättande av elektromagnetiska frizoner i Stock-holm: Skrivelse från kommunstyrelsens handikappråd
[256] Protokoll fört vid Stockholms kommunfullmäktiges sammanträde i Stadshuset måndagen den 6 mars 2000 kl. 16.00, § 26.

lämpliga områden skulle utses till "elfria zoner". Gatu- och fastighetskontoret hade redan börjat lämna lämpliga lediga torp till bostadsförmedlingen för förmedling till elöverkänsliga och var berett att sälja dem till de elöverkänsliga som önskade köpa dem i befintligt skick. Bostadsförmedlingen hade en särskild kö med elöverkänsliga men påpekade att de största svårigheterna berodde på den yttre miljön och flera förtursökande hade tvingats söka förtur på nytt efter förändringar i omgivningen eller grannars användning av el.

Motionen innehöll en att-göra-lista:

- en kartläggning över det bestånd av lämpliga fastigheter som finns i stadens ägo
- ett eller flera lämpliga områden avgränsas som "elfria zoner"
- framställan görs till regeringen om möjlighet till bostadsanpassningsbidrag även för bostäder belägna i annan kommun
- fastigheterna undantas från försäljning, rustas upp till permanentbostäder med hjälp av bostadsanpassningsbidrag och hyrs ut som bostäder till elallergiker
- att de berörda kommunerna i planläggning bevakar att ledningsdragning, basstationer för mobiltelefoni och andra installationer eller byggnationer som är till förfång för elallergiker inte förekommer i de elsanerade zonerna.

Motionen och remissyttrandena som lämnades in 2001 blev sedan liggande och behandlades i kommunfullmäktige först 25 maj 2009. Kommunstyrelsen anförde då att antalet torp är få och ofta i dåligt skick, att bara ett torp förmedlades 2007, att bostadsförmedlingen inte hade några ansökningar om förtur 2008 och att det är bättre att finna lösningar för varje enskild individ samt att motionen därmed anses besvarad.

Inför behandlingen lämnade kommunstyrelsens handikappråd in ett ytt-rande där de framhåller elöverkänsligas allt svårare situation och att kom-munstyrelsens föredragande inte har kunnat redovisa någon annan lösning än att svårt elöverkänsliga flyttar till ett lågstrålande område.[257] Eivor Karls-son (mp) yrkade bifall till miljöpartiets reservation i kommunstyrelsen och Stellan Hamrin (v) bifall till vänsterpartiets reservation i kommunstyrelsen som innebar återremiss.

Kommunfullmäktige beslutade enligt kommunstyrelsens förslag att motio-nen ska anses besvarad.[258]

Hur gick det sedan?

Stadens ansträngningar för att hjälpa elöverkänsliga sammanfattades 2005 av Johan Bonander på Socialtjänstförvaltningen.

"Boverket har i sina anvisningar för bostadsanpassningsbidrag exkluderat de elöverkänsliga från rätten till åtgärder. De menar att eftersom det saknas bevis för vilka specifika åtgärder som leder till vilken lindring av den enskil-des symptom så ska inte heller några åtgärder vidtas. Stockholms stad be-slutade redan 1996 att frångå Boverkets rekommendationer och i staden är elöverkänsliga inte exkluderade rätten till bostadssanering. Under senare år visar dock erfarenheten att det ibland inte längre räcker att sanera den en-skildes bostad för att uppnå besvärsfrihet. Personer som initialt blivit hjälpta

---

[257] Kommunstyrelsens handikappråd, Yttrande över Utlåtande 2009:RV ang. Bostäder för elal-lergiker (Dnr 322-155/2001), bilaga till Protokoll fört vid Stockholms kommunfullmäktiges sam-manträde i Stadshuset måndagen den 3 mars 2009 kl. 16.00.
[258] Protokoll fört vid Stockholms kommunfullmäktiges sammanträde i Stadshuset måndagen den 25 maj 2009 kl. 16.00.

i sin sanerade bostad kan, enligt egen uppgift, ofta inte längre bo kvar på grund av närbelägna sändarmaster för mobiltelefoner, grannars DECT-telefoner, trådlösa bredbandsuppkopplingar etc."[259]

Framtiden – ett lågstrålande område?

För att skydda verksamheterna vid Onsala rymdobservatorium, Esrange Space Center och försvarets anläggningar på Gotlands södra udde har Post-och telestyrelsen på olika sätt begränsat signalstyrkan för trådlösa bred-bandstjänster i de områdena.[260] Men för en kommun är det inte tillåtet att skydda befolkningen mot elektromagnetiska fält utöver gränsvärdenas skydd eftersom en kommun bara får göra det som är beskrivet i förordning 1998:899 om miljöfarlig verksamhet och hälsoskydd §§ 39-40. Men så här skulle man kunna göra.

1. Välja vad som ska begränsas, exempelvis trådlösa bredbandstjänster.
2. Välja en maximal nivå för den totala mobilstrålningen från masterna.
3. Välja en punkt eller ett område där begränsningen ska gälla.

Enligt Strålsäkerhetsmyndigheten är den sammanlagda strålningen från den vanligaste trådlösa tekniken i Stockholm city i genomsnitt 6700 mikrowatt

---

[259] Björn Hedberg, Kjell Andersson, Lena Hyrke och Lars Mjönes, "Transparensforum om mo-biltelefoni – utbyggnaden av 3:e generationens mobiltelefoni i Sverige", *SSI Rapport* 2007:15, s. 132.
[260] Post- och telestyrelsen, *Beslut om tillstånd att använda radiosändare i 3,5 GHz- och 2,3 GHz-banden*, bilaga A1 och bilaga B, dnr 18-8496.

per kvadratmeter. Skulle mobiltelefonerna fungera med bara 1 mikrowatt per kvadratmeter mitt på Sergels torg?

Ja, förr krävde Post- och telestyrelsen en intensitet mellan 0,00027 och 0,00167 mikrowatt per kvadratmeter för att ett område skulle anses vara täckt med tredje generationens mobiltelefoni, 3G.[261] Det ger utrymme för 598 basstationer för trådlösa bredbandstjänster att nå mitten på Sergels torg, var och en med en signalstyrka på 0,00167 mikrowatt per kvadratmeter. Strålar inte telefonerna mer? Nej, det finns inget tekniskt samband mellan strålningens intensitet som telefonen tar emot från mobilmasten och

---

[261] Post- och telestyrelsen, beslut 2004-12-07, Ansökan om ändring av tillståndsvillkor.

hur mycket den strålar. Strålningen från telefonen bestäms av basstationen så att strålningen från telefonen blir lagom stark när den når basstationens antenn i toppen på mobilmasten.

Källor till konstgjorda elektromagnetiska fält

Tekniska installationer och apparater som sprider onödiga eller funktionella elektromagnetiska fält.

Vagabonderande ström

Ström på avvägar, i till exempel vattenrör, fjärrvärmerör, armering i betonghus, ventilationstrummor och plåttak. Vagabonderande ström är onödig.

När ström förbrukas går den alltid runt i en sluten krets, från transformatorn som fungerar som pump, genom ena tråden i sladden till apparaten som "förbrukar" den och tillbaka till transformatorn genom den andra tråden i sladden. Den tråd som strömmen kommer i har en spänning på minst 230 volt och är livsfarlig, för transformatorn kan mata på mycket, mycket mer ström än vad en människa kan överleva. Tråden i sladden som strömmen går tillbaka i, returledaren, har däremot en spänning på noll volt och är ofarlig. Om de båda trådarna får kontakt med varandra blir det kortslutning och proppen går.

Det finns många byggnadsdelar och apparater i vår omgivning som är av metall och därför kan leda ström, men som normalt inte ska göra det. Om en metalldel, genom ett elfel, får kontakt med tråden som strömmen kommer i kan den bli livsfarligt att ta i. Om den är ansluten till returledaren går proppen istället. Det är så skyddsjordning fungerar. Nackdelen är att metalldelen har blivit en del av elsystemet och kan leda ström tillbaka till transformatorn om den samtidigt är skyddsjordad på ett annat ställe. Om ström går genom skyddsjordade apparater och byggnadsdelar istället för i elledningarna kallas det för att den vagabonderar.

När strömmen inte går tillbaka i samma kabel som den kom igenom uppstår onödiga magnetfält över stora områden. Ström kan vagabondera både inom och mellan hus. "Vagabonderande ström är den i särklass största källan till magnetfält i bostäder och kontor".[262]

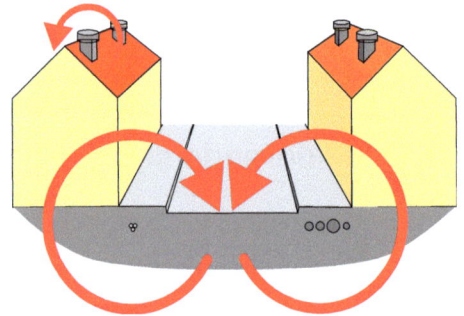

På bilden går strömmen fram i elkabeln under den vänstra trottoaren och tillbaka genom fjärrvärmerören under den högra. Rör för sopsug kan också leda vagabonderande ström. På vänstra huset vagabonderar ström mellan de båda fläktarna på plåttaket. Magnetfälten snurrar runt enligt pilarna.

När ström går fram och tillbaka i samma elkabel uppstår magnetfält som motverkar varandra. När strömmen går fram i elkabeln men tillbaka någon annanstans så blir den motverkande effekten mycket mindre. Varken i vattenrör av plast eller genom marken går någon vagabonderande ström av praktisk betydelse. För det krävs rör av metall.

[262] Hans Arby, "Hur farliga är magnetfälten?", *Chalmers Magasin*, nr 4, okt 1998.

Lösningar

Första steget är att begränsa skyddsjordning till vad som krävs enligt elsä-kerhetsföreskrifterna och inget mer.

5-ledarsystem innebär att skyddsjorden kopplas ihop med returledaren vid transformatorn eller där strömkabeln kommer in i huset och inte i propp-skåpet. Kabelbyte till transformatorn blir dyrbart att göra i efterhand och 5-ledarsystem kräver att skyddsjord och returledare inte kopplas ihop någon annanstans för då börjar strömmen vagabondera igen. Systemet måste övervakas.

För att stoppa vagabonderande ström helt krävs elektriskt isolerande skar-var på alla rör och andra byggnadsdelar av metall där strömmen kan gå. Elektriska motorer kan isoleras från husets elsystem genom en isolations-transformator utan genomgående skyddsjord. Motorn och transformatorn bildar då ett eget elsystem där motorn skyddsjordas till isolationstransfor-matorns jordkontakt

Sugtransformatorn är ett kort och tjockt järnrör som genom magnetfält strävar efter att det ska gå lika mycket ström fram som tillbaka i de båda trådarna. För varje varv som kabeln går genom sug-transformatorn halveras den vagabonde-rande strömmen. Eller också använder man flera sugtransformatorer i rad.

Kraft- och elledningar

De elektriska och magnetiska fältens storlek kring en kraftledning beror på dess storlek, konstruktion och belastning. Spridningen i sidled av magnetfälten minskar om kraftledningen grävs ner. Kraft- och elledningar är oftast nedgrävda i trottoarer, gångvägar och cykelbanor. Kraftledningar som går i tunnlar utgör inget problem. Med elledning avses ledningen från den sista transformatorn och fram till abonnenten. Det är bara på den delen av elnätet som vagabonderande ström uppstår. Genom att energin transporteras med magnetfält genom den sista transformatorn till abonnenten blir kraftledningen elektriskt isolerad från abonnenternas elnät och strömmen kan inte vagabondera ut på kraftledningen.

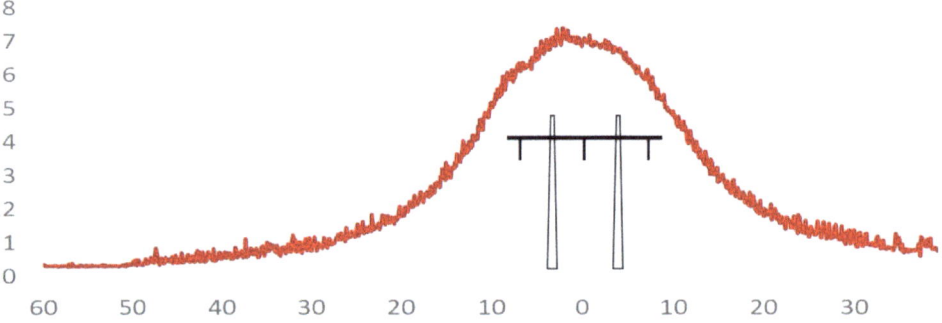

Kraftledningen som tidigare gick genom Stockholms västra förorter. 220 000 volt, magnetfält tydligt mätbara 50 meter från kraftledningens mitt, max magnetfält 7,3 µT toppvärde, alltså inklusive störningar som transienter. Mitt under kraftledningen var de elektriska fälten 3470 volt per meter. Författarens egen mätning gjord i september 2012 vid Nälstaskolan.

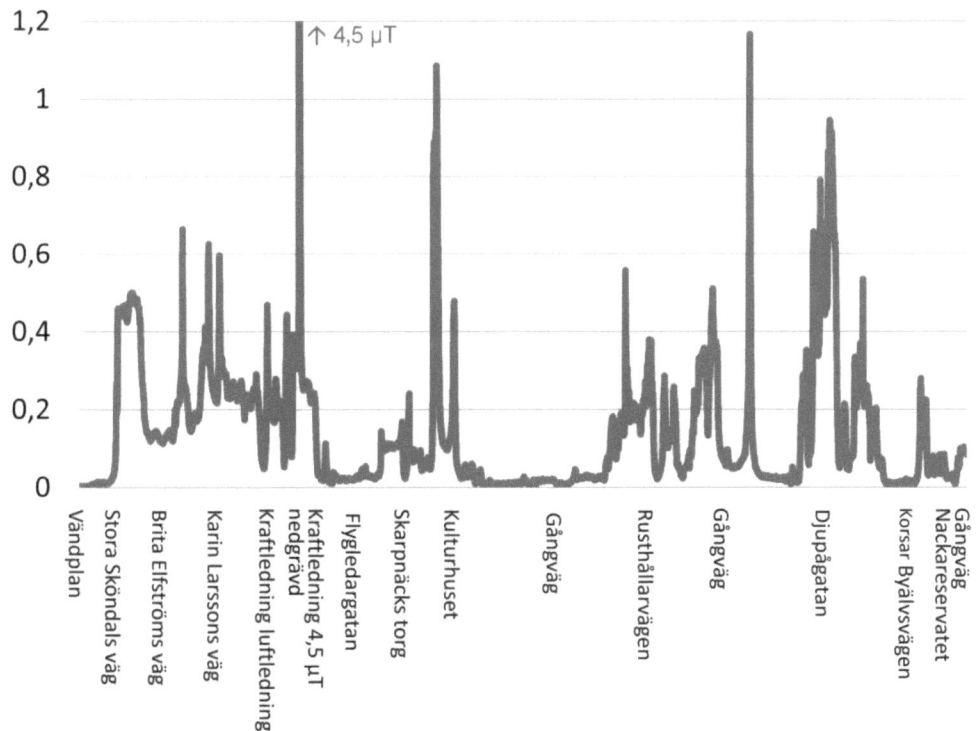

Magnetfältsmätning från Nya Sköndal genom Skarpnäck och Bagarmossen till Nackareserva-tet. Färden gick företrädesvis på smågator, trottoarer och gångvägar och visar att problemet med magnetfält inte är lokaliserat till kraftledningar och transformatorstationer. Ju högre stapel desto starkare magnetfält. Vertikal skala i mikrotesla (µT).

Radio- och TV-master

De största radio- och TV-masterna är 300 meter höga och är spridda över landet med ungefär 20 mils avstånd mellan dem. TV sänds med lägre styrka på de elektromagnetiska fälten eftersom TV-apparater vanligen inte är mo-bila och därför har en stor och effektiv antenn som förstärker fältstyrkan i

133

de elektromagnetiska vågorna. FM-radio sänds med väsentligt högre fält-styrka eftersom radioapparater har sämre antenner och ofta enkel elektronik som kräver starkare signaler.

Mobilmaster och mobiltelefoner

Det folkliga namnet för basstationer för mobiltelefoni och mobilt bredband är mobilmaster, fast tekniken som sköter kommunikationen heter basstation och den har i sin tur en antenn i toppen på en mast, på ett hustak eller en husvägg.

För att det ska gå att ringa till en mobiltelefon måste systemet hela tiden veta var den är. Därför sänder alla basstationer hela tiden en anropssignal så att mobiltelefonen vet vilka basstationer som finns att tillgå. Därefter upprättas kommunikation mellan mobiltelefonen och den basstation som ger bäst kommunikation. Flyttas mobilen så att en annan basstation kan ge bättre kommunikation byter systemet basstation, men telefonen kan bara välja mellan basstationer som tillhör

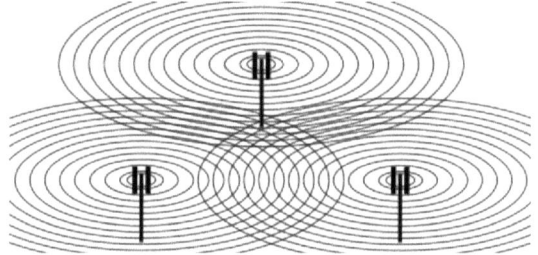

Varje basstation kan bara hantera ett begränsat antal mobiler inom sitt område. Därför behövs många basstationer, ju fler som använder mobil desto fler basstationer behövs det.

Mobilen bakom huset måste stråla starkare för att nå mobilmasten än mobilen tillhöger som har fri sikt till samma mast.

den operatör man har abonnemang hos. Däremot kan alla basstationer ta emot nödsamtal. Vid användning av mobilen reglerar basstationen telefonens uteffekt så att den bara strålar tillräckligt mycket för att basstationen ska "höra" den klart och tydligt. Det är ingenting som användaren kan påverka på annat sätt än att se till att det är fri sikt mellan telefon och mobilmast. Inga hinder som husväggar och bilplåt mellan telefon och mast är välgörande för att få ner strålningen från den egna telefonen. Mobilmasterna sänder hela tiden med en förutbestämd effekt.

Wifi

Wifi används ibland synonymt med internet, men är egentligen ett mycket lokalt och fristående trådlöst nätverk för datorer och mobiltelefoner i hem och på kontor. Under senare tid har det också blivit kärnan i "smarta" hem där alla apparater är uppkopplade mot internet och kan styras av de boende från deras mobiltelefoner var de än befinner sig i världen. Wifi sköter då den trådlösa kommunikationen i hemmet och sedan tar mobilnätet över från hemmet vidare ut i världen. Den centrala delen i ett wifi-nätverk är en router eller accesspunkt som ständigt sänder mikrovågor för att visa att den finns. Wifi kan liknas vid att ha en egen mobilmast.

Switchteknik

För att ändra elektricitetens flöde eller spänning finns gamla sätt och ett nytt. Det gamla sättet att minska strömmen, det vill säga elektricitetens flöde, är att göra en förträngning. Ett extremt exempel är glödlampor där trängseln i den tunna glödtråden skapar så mycket värme att den börjar glöda och sänder ut ljus. Metoden skapar alltid mer eller mindre värme. För att ändra elektricitetens spänning är den gamla metoden att använda en transformator där strömmens flöde skapar magnetfält som i sin tur används för att skapa ny elektricitet med lägre spänning. På så sätt kan man ta ström från ett vägguttag med hög spänning och sänka den så att den kan driva apparater som annars skulle behövt batterier.

Den nya metoden som kan ersätta de båda gamla kallas switchteknik. Den går ut på att göra strömmens flöde snabbt pulserande. Från några tusen upp till många tiotusentals pulser per sekund användas för att både begränsa strömmens flöde eller ändra dess spänning eller båda sakerna samtidigt.

För den elektromagnetiska miljön betyder det att gammal teknik skapar extremt lågfrekventa elektromagnetiska fält på 50 hertz som är elnätets grundfrekvens, medan den nya dessutom skapar högfrekventa fält genom den stora mängden pulser. Högre frekvens betyder att starkare ström skapas i en människa om fältets styrka är densamma. I tekniska sammanhang betraktas switchteknikens frekvenser som högfrekventa i jämförelse med elnätets 50 hertz, men inom forskningen kallas de mellanfrekventa eftersom radiovågor har ännu högre frekvens. Om det är möjligt avlägsnas alltid teknik som använder switchteknik vid elsanering.

Switchtekniken ger mindre energiförluster i form av värme och kräver mindre järn och koppar och betraktas därför oftast som "grön", hållbar och miljövänlig (se vidare Mätning på sidan 142).

Trådlös laddning, induktionsladdning

Tekniken används idag för laddning av eltandborstar och mobiltelefoner. I framtiden kan den komma att användas för laddning av elbilar och andra fordon. Trådlös laddning innebär att energin överförs som magnetfält från en sändarenhet till en mottagarenhet i apparaten eller fordonet. Under tiden den laddades har Strålsäkerhetsmyndigheten mätt magnetfälten i en buss där trådlös laddning provats.[263]

Tabell 18. Trådlös laddning av en buss. Magnetfält i mikrotesla (μT) mätt på olika platser i bussen och omräknat till mikrotesla per sekund (μT/s).

Position	μT	Frekvens Hz	μT/s
Mest utsatta sittplats mitt i bussen	0,23	20 000	28 902
Längst bak	0,08	20 000	10 053
Förarplats	0,11	20 000	13 823
På golvet ovanför mottagarenheten	3,8	20 000	477 522

Magnetfält i mikrotesla (μT) och frekvens är från Strålsäkerhetsmyndighetens mätning. Mikrotesla per sekund är ett mått på magnetfältens förmåga att skapa ström i människor eller annat elektriskt ledande material. Ju högre värde desto starkare ström. Formel för omvandling av μT till μT/s finns i tabell 19 på sidan 143.

Mätningen gjordes när bussen stod still och mottagarenheten var nedsänkt mot sändarenheten. Det testade systemet uppgavs klara laddning under färd med sändarenheter som är väsentligt längre än bussen, men då krävs radarövervakning av området så att systemet inte slås på om människor eller

---

[263] Jimmy Estenberg, "Magnetfält från system för dynamisk induktiv laddning av elbussar", *mätrapport*, 2015-03-17, Strålsäkerhetsmyndigheten, diarienummer: SSM2015-1519.

ett djur befinner sig där. Magnetfältens styrka mätt i mikrotesla är vanligt förekommande för 50 hertz i samhället, men frekvensen 20 000 hertz hittar man runt elektronik och spisar med induktionshäll som man då ska jämföra med. På alla platser som mättes i bussen överskreds TCO-normen för bildskärmar som är 0,025 mikrotesla vid 20 000 hertz mot som lägst 0,080 mikrotesla i bussen.

Teknik i och runt hemmet

Solcellsanläggningar

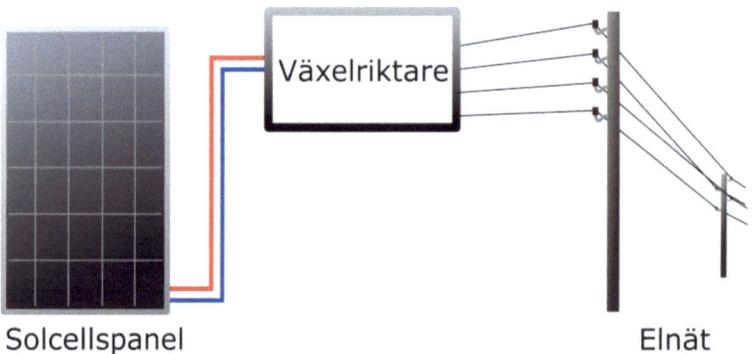

Solcellerna lämnar likström vilket innebär att strömmen alltid flyter åt samma håll i elledningarna, men på elnätet är det växelström som hela tiden växlar riktning. Strömmen från solcellerna måste göras om för att passa elnätet. Dessutom måste belastningen på solcellerna anpassas efter ljus och temperatur. Allt detta görs i växelriktaren. Den arbetar med switchteknik, det vill säga pulser, med allt vad det innebär av högfrekventa störningar som sprids till omgivningen via elledningarna ut till solcellspanelerna och elnätet. På grund av switchtekniken som används blir elen från dem smutsig. Störningsproblemen har uppmärksammats av försvaret[264] och luftfartsverket som inte vill ha solceller inom tre kilometer runt flygplatserna[265]. De största problemen uppstår om varje solcellspanel förses med mellanfrekvoptimerare som har till uppgift att kompensera för att delar av panelen hamnar i skugga under vissa tider. Enklare teknik med bypassdioder är nästan lika effektiv som optimerare[266] och skapar inga elektromagnetiska störningar. Elsäkerhetsverket har i ett fall utfärdat föreläggande om åtgärd efter att en mobiltelefonoperatör fått störningar i kommunikationen mellan mobilmast och mobiltelefoner på grund av en solcellsanläggning. Problemet löstes genom att byta till solcellspaneler utan optimerare.[267]

Även utan optimerare kommer växelriktaren att sprida högfrekventa störningar ut till solcellspanelerna och ut på elnätet och solceller ska därför inte placeras på hus där människor vistas.

Lysrör och lågenergilampor

Inne i ett lysrör sker elektriska urladdningar. I princip är det ett ständigt pågående litet åskväder som ger ett ryckigt flöde av ström genom lysröret

---

[264] FOI-R--5021--SE.

[265] Charlotta von Schultz, "Luftfartsverket: Inga solceller inom 3 km", *Elinstallatören* nr 4 april 2020.

[266] Anna Bengtsson, Erik Holm, David Larsson, Björn Karlsson, "Skuggningshandbok: Design av solcellssystem för minimerad inverkan av skuggning", Energiforsk, *rapport* 2017:385; Sammanfattning finns i Skuggningshandbok: Resultatblad.

[267] Elsäkerhetsverket, "Följ med på ett ärende – radiostörningar från en solcellsanläggning", *nyhetsbrev* 2021-06-17.

och elledningarna. Det ryckiga flödet av ström skapar i sin tur mellanfrekventa elektromagnetiska fält som strålar ut från både lysröret och elledningarna. I en lågenergilampa är lysröret krympt.

En elektrisk urladdning är som en blixt och den leder ström lika bra som en elledning, därför måste strömmens flöde genom lysröret bromsas så att proppen inte går. Ursprungligen gjordes det med en elektrisk spole där en del av energin i strömmen omvandlas till magnetfält. Det är därför det blir kraftiga magnetfält kring äldre lysrörsarmaturer. Numera är den tekniken förbjuden att tillverka eller föra in i EU och istället används switchteknik som ger mer elektromagnetiska fält som strålar ut från lysrör och elledningar än den äldre magnetiska metoden. Lysrör ersätts nu av LED-lampor.

LED-lampor

Lysdioderna i en LED-lampa behöver en spänning på tre till fyra volt. Det är som i en ficklampa. Men i vägguttaget är det 230 volt. För att transformera 230 volt till fyra och begränsa strömmens flöde genom lysdioderna används switchteknik. För den elektromagnetiska miljön är en LED-lampa nästan lika dålig som en lågenergilampa. Riktiga glödlampor ger lägst elektromagnetisk påverkan på omgivningen men är förbjudna att tillverka eller föra in i EU med undantag för halogenlampor av typerna G9 och R7s samt speciallampor, till exempel ugnslampor för höga temperaturer. Mätning av magnetfält under en LED-lampa finns i tabell 20 på sidan 144.

Elektroniska transformatorer

Mycket elektronik har en större stickkontakt som man sätter i vägguttaget och därifrån går en tunn sladd till själva apparaten. Stickkontakten är då i själva verket en elektronisk transformator och en sådan fungerar med switchteknik. En äldre transformator som använder magnetfält är något större och har en tydligt tyngd när man håller den i handen. Elektroniska transformatorer började användas i TV-apparater på 80-talet och finns nu i all elektronik.

Bildskärmar

De höga statiska elektriska fälten kring de tjocka TV-apparaterna och bildskärmarna försvann när de blev platta, men de mellanfrekventa magnetiska och elektriska fälten blev kvar.

Laddare för elbilar

En avancerad snabbladdare gör om växelströmmen till likström och innehåller mycket kraftelektronik som arbetar med switchteknik. En enkel laddbox däremot skickar strömmen direkt från elnätet till bilen. Elbilens inbyggda batteriladdare som arbetar med switchteknik blir då avgörande för storleken på störningarna på elnätet när bilen är ansluten. Laddboxen innehåller också elektronik som mäter strömmen och skickar en pulsad och i sammanhanget mycket svag signal till bilens batteriladdare som visar hur mycket ström den får dra från elnätet. Om elbilen laddas med ström från ett vanligt jordat vägguttag sköter bilens batteriladdare hela laddningen.

Induktionshäll

Samma teknik som laddade bussen används i en induktionshäll för att värma botten i kastrullen eller stekpannan. Men här skapar magnetfälten ström som virvlar runt i botten på kokkärlet och vars energi övergår i värme. En spis med induktionshäll är hemmets kraftigaste källa till mellanfrekventa magnetfält (se tabell 20 på sidan 143).

Mätning

Ingen mätare för elektromagnetiska fält visar hur kroppen reagerar på dem. För det är vår kunskap för liten och de individuella variationerna för stora. Mätarna mäter bara den fysiska påverkan.

Lågfrekventa och extremt lågfrekventa fält

Målet för gränsvärdena för elektriska och magnetiska fält är att begränsa den ström som fälten skapar i en människa. Syftet med gränsvärdena för elektriska och magnetiska fält är att undvika omedelbara reaktioner på dem. För detta måste både fältens förmåga att skapa ström i kroppen och kroppens förmåga att reagera tas hänsyn till. Därför varierar gränsvärdena med frekvensen. För mätning av dessa extremt lågfrekventa 50 hertz elektromagnetiska fält ger vanliga mätare som visar mikrotesla (μT) för magnetfält och volt per meter (V/m) en rättvisande bild.

Mellanfrekventa fält

Frekvensområdet för mellanfrekventa fält börjar vid 300 hertz och slutar vid 10 megahertz (10 MHz). Den ström som elektromagnetiska fält skapar i kroppen är oftast direkt proportionell mot fältstyrkans förändringshastighet. Högre frekvens innebär högre förändringshastighet så magnetfält med 1000 gånger högre frekvens och samma styrka ger 1000 gånger högre spänning och starkare ström i kroppen. En vanlig mätare för magnetfält reagerar oftast inte på mellanfrekventa fält. Styrkan på dem är alldeles för liten, oftast mycket, mycket mindre än elnätets 50 hertz magnetfält. En vanlig

142

magnetfältsmätare ger därför inte en rättvisande bild av påverkan från mellanfrekventa fält. Lösningen är att mäta hur snabbt styrkan ändras.

Tabell 19. Jämförelse mellan mikrotesla (μT) och mikrotesla per sekund (μT/s)

	Avstånd	Hz	μT	μT/s
Elnätet	–	50	0,1	31
Bildskärm TCO-märkt[268]	0,5 meter	25 000	0,025	3927
LED-lampa[269]	0,3 meter	65 000	0,02	8168
Spis med induktionshäll[270]	0,5 meter	25 000	0,07	10 995

Jämför med värdena i tabell 18 på sidan 137. Om man vet frekvensen omvandlas μT till μT/s med formeln μT•2•pi•frekvensen. Vet man inte frekvensen måste man mäta spänningen från en spole.

För magnetfält som annars mäts i mikrotesla betyder det att förändringshastigheten anges som mikrotesla per sekund (μT/s). För alla elöverkänsliga som kunnat mäta mikrotesla per sekund står det klart att det stämmer bäst med de upplevda besvären. Tyvärr finns ingen mätare för μT/s och inte heller för de elektriska fältens förändringshastighet, volt per meter per sekund (V/m/s).

Den större delen av de mellanfrekventa fälten räknas också som radiovågor och på 1920-talet började de används för att sända radioprogram på långvåg

---

[268] TCO Certified Generation 8 for displays, TCO Development AB, s. 57. 25 000 Hz är en typisk frekvens för växlande magnetfält runt bildskärmar och 0,025 μT är maximalt tillåten nivå.
[269] Nadakuduti, s. 33. L2 0,016 A/m konverterat till 0,02 μT.
[270] *Magnetfält och hälsorisker*, broschyr från fem svenska myndigheter, s. 7.

från 0,15 till 0,28 MHz och senare även på mellanvåg från 0,5 till 1,6 MHz. Därför är en radio med långvåg, LW, och mellanvåg, MW också kallat AM, det bästa hjälpmedlet för att upptäcka de mellanfrekventa fälten. De hörs tydligt som störningar i radion. Även kortvåg, SW, kan vara användbart. Radion har ingen kalibrerad fältstyrkemätare så det blir inget mätvärde utan styrkan får bedömas efter ljudnivån vid olika frekvenser.

Radiofrekventa fält

Gränsvärdena för radio- och mikrovågor skyddar mot skadlig uppvärmning. Ett värmeelement som slår på och av automatiskt håller en jämn temperatur i rummet. Tiden som elementet är på respektive av ger den genomsnittliga effekten som skapar önskad temperatur. Därför används genomsnitt, det vill säga medelvärden, för att mäta radio- och mikrovågors intensitet för att se en eventuell uppvärmningseffekt även om vågorna kommer i korta och starka pulser. Elöverkänsliga mäter alltid toppvärden, det vill säga intensiteten i pulserna, som också visat sig ha störst betydelse för biologiska effekter.[271] Även när radio- och mikrovågornas intensitet är så hög att uppvärmning sker är pulserande radio- och mikrovågor i allmänhet effektivare än icke pulserande att framkalla en biologisk reaktion när uppvärmningen är lika.[272]

---

[271] Marha, s. 41.
[272] ICNIRP, s. 506.

145

Litteraturförteckning

Ahlbom, Anders, Maria Feychting, Yngve Hamnerius, Lena Hillert, *Radiofrequency electromagnetic fields and risk of disease and ill health: Research during the last ten years*, Forskningsrådet för arbetsliv och socialvetenskap, Stockholm: 2012.

Anger, Gert, "Magnetfält från induktionshällar", *Strålskyddsnytt* nr 3-4 2003, Statens Strålskyddsinstitut, s. 18.

ANSI, About ANSI, <https://www.ansi.org/about/introduction> (hämtad 2022-09-11).

Ansökan om ändrade tillståndsvillkor för tillhandahållande av nätkapacitet för mobila teletjänster av UMTS/IMT 2000 standard, Post- och telestyrelsen diarienummer 04-9599/10, avsnitt 3.1

Arbetsmiljöverket, *Myndigheternas försiktighetsprincip om lågfrekventa elektriska och magnetiska fält - en vägledning för beslutsfattare*, <https://docplayer.se/36263-Inga-forskningsresultat-motiverar-gransvarden-men-det-finns-skal-tillforsiktighet.html> (hämtad 2022-09-11).

Arby, Hans, "Hur farliga är magnetfälten?", *Chalmers Magasin*, nr 4, okt 1998.

Augustsson, Torsten, Jimmy Estenberg, "Magnetfält i bostäder", *Rapport* 2012:69, Strålsäkerhetsmyndigheten.

Baubiologie Maes, *Ergänzung zum Standard der baubiologischen Messtechnik SBM-2015: Baubiologische Richtwerte für Schlafbereiche*.

Baumann, Jürg, Georges Goldberg, *Regulation for the Protection of the General Population in Switzerland*.

Becker, Robert O., *Cross Currents: the promise of electromedicine, the perils of electropollution* (New York, NY: Jeremy P. Tarcher/Penguin), 2004.

Belpomme, Dominique, Philippe Irigaray, "Electrohypersensitivity as a Newly Identified and Characterized Neurologic Pathological Disorder: How to Diagnose, Treat, and Prevent It", *Int. J. Mol. Sci. 2020*, 21, 1915.

"Benevento Resolution", *Conference: The Precautionary EMF Approach: Rationale, Legislation and Implementation*, (Benevento: 2006: International Commission for Electromagnetic Safety), <https://www.icems.eu/benevento_resolution.htm> (Hämtad 2022-01-31).

Bengtsson, Anna, Erik Holm, David Larsson & Björn Karlsson, "Skuggningshandbok: Design av solcellssystem för minimerad inverkan av skuggning", Energiforsk, *rapport* 2017:385.

Bergqvist, Ulf, Lena Hillert & Elisabeth Birke, *Elöverkänslighet och hälsorisker av elektriska och magnetiska fält: forskningsöversikt och utvärdering: slutrapport från arbetsgruppen vid Rådet för arbetslivsforskning*, Rådet för arbetslivsforskning, Stockholm, 2000.

Bianchi, Cesidio, Antonio Meloni, "Natural and man-made terrestrial electromagnetic noise: an outlook", *Annals of Geophysics*: Vol. 50: N. 3: juni 2007.

BioInitiative 2012, *Conclusions table 1-1*, <https://bioinitiative.org/conclusions/> (Hämtad 2019-06-23).

BioInitiative, pressmeddelande, *BioInitiative 2012 Report Issues New Warnings on Wireless and EMF*, 2013-01-07, <https://bioinitiative.org/media/press-releases/> (Hämtad 2022-09-25)

Brus, Hanna, "Inget barn ska växa upp med rädsla för el", *Expressen: Debatt*, 14 maj 2016, <https://www.expressen.se/debatt/inget-barn-ska-vaxa-upp-med-radsla-for-el/> (hämtad 2022-02-01).

Bundesamt für Statistik, Wahrnehmung von Umweltbedingungen in der Wohnumgebung, Umweltqualität und Umweltverhalten, Omnibus 2019, BFS-Nummer je-d-02.05.04, je-d-02.05.04.xlsx, <https://www.bfs.admin.ch/bfs/de/home/statistiken/raum-umwelt/wahrnehmung-bevoelkerung.assetdetail.11708759.html> (Hämtad 2023-07-18).

Carlsson, Frida, *Subjective annoyance attributed to electrical equipments and smells – Epidemiology and stress physiology*, avhandling, Department of Occupational and Environmental Medicine Institute of Laboratory Medicine, Lund University 2005, Sweden.

"Catania Resolution", *Conference, State of the Research on Electromagnetic Fields - Scientific and Legal Issues*, (Catania: 2002), <https://www.icems.eu/benevento_resolution.htm> (Hämtad 2022-01-31).

Cherry, Neil, *Evidence that Electromagnetic Radiation is Genotoxic*, <https://neilcherry.nz/blog/> (hämtad 2022-01-30).

Cleary, Stephen S, redaktör, *Biological Effects and Health Implications of Microwave Radiation: Symposium Proceedings*, Richmond Virginia: September 17-19 1969.

Cook, Harald J., Nicholas H. Steneck, Arthur J. Vander & Gordon L. Kane, "Early Research on the Biological Effects of Microwave Radiation: 1940-1960", *Annals of Science*, 37 (1980).

"Does electromagnetic field exposure endanger health? New SCENIHR opinion examines latest data on health impact of latest technologies", *Easy to read summaries of scientific opinions*, European Commission: Health and Food Safety.

Egidus, Henry, *Psykologi*, 4:e upplagan, (Läromedelsförlagen, Stockholm: 1970).

Ellag (1997:857).

Elsäkerhetsverket, nyhetsbrev, *Följ med på ett ärende – radiostörningar från en solcellsanläggning*, 2021-06-17.

EMFscientist.org <https://www.emfscientist.org/>

Energimarknadsinspektionen, "Nätkoncession för linje", <https://www.ei.se/bransch/koncessioner/natkoncession-for-linje/> (hämtad 2022-10-06).

Estenberg, Jimmy, *Magnetfält från system för dynamisk induktiv laddning av elbussar*, mätrapport, 2015-03-17, Strålsäkerhetsmyndigheten, diarienummer: SSM2015-1519.

Estenberg, Jimmy, *Radiovågsmätningar Sandelsgatan 40 Stockholm*, rapport, Strålsäkerhetsmyndigheten, dnr SSM2018-6163.

Estenberg, Jimmy, Torsten Augustsson, "Extensive frequency selective measurements of radiofrequency fields in outdoor environments performed with a novel mobile monitoring system", *Bioelectromagnetics*, 2014 Apr;35(3):227-30.

ETSI, *GSM Technical Specification 05.05 March 1996 Version 5.0.0*, European Telecommunications Standards Institute, kapitel 5 första stycket och kapitel 6 avsnitt 6.2 data för small Mobile Station (small MS) har använts.

Europaparlamentet, Betänkande om förslaget till rådets rekommendation om begränsning av befolkningens exponering för elektromagnetiska fält 0 Hz-300 GHz (KOM(1998)0268 - C4-0427/98 - 98/0166(CNS)), Betänkande - A4-0101/1999.

Europaparlamentets resolution av den 4 september 2008 om halvtidsöversynen av den europeiska handlingsplanen för miljö och hälsa 2004–2010 (2007/2252(INI)), <https://www.europarl.europa.eu/doceo/document/TA-6-2008-0410_SV.html> (hämtad 2022-02-01).

Europarådet för mänskliga rättigheter, "The potential dangers of electromagnetic fields and their effect on the environment", *Resolution* 1815, <https://pace.coe.int/en/files/17994> (hämtad 2022-02-02).

European Commission, *Health and electromagnetic fields: EU-funded research into the impact of electromagnetic fields and mobile telephones on health, The Reflex project: Do extremely low-frequency and radio-frequency electromagnetic fields cause biological changes in cells?*, ISBN 92-79-00187-6.

European Environment Agency, "Late lessons from early warnings: science, precaution, innovation", *EEA report* 1/2013, (Köpenhamn: 2013).

EFSA Scientific Committee, *Guidance on the use of the weight of evidence approach in scientific assessments*, European Food Safety Authority (EFSA): 2017.

Europeiska gemenskapernas kommission, KOM(1998) 268 slutlig, Förslag till rådets rekommendation om begränsning av befolkningens exponering för elektromagnetiska fält 0 Hz-300 GHz, Bryssel den 11.06.1998.

Europeiska gemenskapernas kommission, "KOM(2000) 1 slutlig om försiktighetsprincipen", *Meddelande Från Kommissionen*, (Bryssel den 2.2.2000).

Feychting, Maria, Anders Ahlbom, "Magnetic Fields and Cancer in Children Residing Near Swedish High-voltage Power Lines", *American Journal of Epidemiology*, Volume 138, Issue 7, 1 october 1993, s. 467-481.

FN:s konvention om rättigheter för personer med funktionsnedsättning. Socialdepartementet, Ds 2008:23.

Folkhälsomyndigheten, *Elektromagnetiska fält*, <https://www.folkhalsomyndigheten.se/livsvillkor-levnadsvanor/miljohalsa-och-

halsoskydd/tillsynsvagledning-halsoskydd/elektromagnetiska-falt/> (hämtad 2022-10-07).

Folkhälsomyndigheten, *Miljöhälsorapport*, 2017.

Fors, Karina, Sara Linder & Thomas Ranström, "Radiostörningar från solcellsanläggningar: Kartläggning av störningsproblematik i Sverige och omvärlden", Totalförsvarets forskningsinstitut, *Rapport*: FOI-R--5021--SE.

Forskningsrådet för arbetsliv och socialvetenskap, e-post dnr 2008-3145.

Förordning (2007:951) med instruktion för Post och telestyrelsen.

Gordon, Z. V., *Biological effect of microwaves in occupational hygiene*, Izdatel'stvo "Meditsina", Leningrad 1966, Israel Program for Scientific Translations, 1970, (TT 70-50087, NASA TT F-633).

Gottlieb, Michael A., Rudolf Pfeiffer, "Electricity in the Atmosphere", *The Feynman Lectures on Physics*, Vol. II Ch. 9, avsnitt 9-2.

Granlund-Lind, Rigmor, John Lind, *Svart på vitt: Röster och vittnesmål om elöverkänslighet*, Mimers brunn kunskapsförlaget (Sala 2002).

Grigoriev, Yury, "Methodology of Standards Development for EMF RF in Russia and by International Commissions: Distinctions in Approaches", i *Dosimetry in Bioelectromagnetics*, redaktör Marko Markov, (Boka Raton: CRC press, 2017).

Guy, Arthur W., "Biological Effects of Electromagnetic Radiation", *Engineering and Technology History Wiki*, avsnitt 1.1 19th Century, <http://ethw.org/Biological_Effects_of_Electromagnetic_Radiation> (hämtad 2022-01-27).

Hansson Mild, Kjell, Ulf Landström & Bertil Nordström, "Biologiska effekter av elektromagnetiska fält inom radiofrekvens och mikrovågsområdet: risker och gränsvärden", *Arbete och Hälsa: vetenskaplig skriftserie* 1979:30, (Arbetarskyddsstyrelsen: 1979).

Hecht, Karl, *Dokumentation zum Vortrag von Prof. em. Prof. Dr. med. habil. Karl Hecht anlässlich der Anhörung im Bayerischen Landtag zur Thematik: „Mobilfunk / Elektrosmog / Gesundheit"*, am 07.07.2006.

Hecht, Karl, Hans-Ulrich Baltzer, *Biologische Wirkungen Elektromagnetischer Felder im Frequenzbereich 0 – 3 GHz auf den Menschen Studie russischer Literatur von 1960 – 1996*, im Auftrag des Bundesministerium für Telekommunikation Auftrag-Nr. 4131/630 402 Vom 14.11.1996 (Berlin: 1997).

Hedberg, Björn, Kjell Andersson, Lena Hyrke och Lars Mjönes, "Transparensforum om mobiltelefoni – utbyggnaden av 3:e generationens mobiltelefoni i Sverige", *SSI Rapport* 2007:15, Stockholm: Statens strålskyddsinstitut.

HiQ, Progira Radio Communication AB, *Teknisk utredning av användning av frigjort frekvensutrymme vid övergång till marksänd digital-TV*, för Post- och telestyrelsen.

Huss, Anke, *Strålsäkerhetsmyndighetens EMF-seminarium 2016*, SSM's Scientific Council on Electromagnetic Fields,
 <https://www.youtube.com/watch?v=IKFf5zzlGqM>, hämtad 2022-08-26.

IARC, *IARC Monographs Preamble*, (Lyon: 2019).

IARC Working Group on the Evaluation of Carcinogenic Risks to Humans, "Non-ionizing radiation, Part 1, Static and extremely low-frequency (ELF) electric and magnetic fields", *IARC monographs on the evaluation of carcinogenic risks to humans: Vol 80*, (IARC 2002: Lyon).

IARC Working Group on the Evaluation of Carcinogenic Risks to Humans, "Non-Ionizing Radiation, Part 2: Radiofrequency electromagnetic fields", *IARC monographs on the evaluation of carcinogenic risks to humans: 102*, (IARC 2011: Lyon).

IARC, pressmeddelande, *IARC Classifies Radiofrequency Electromagnetic Fields as Possibly Carcinogenic to Humans*,
<http://www.iarc.who.int/wp-content/uploads/2018/07/pr208_E.pdf> (hämtad 2011-06-29).

IEEE, Institute of Electrical and Electronics Engineers, < https://www.ieee.org/> (hämtad 2022-02-01).

ICNIRP, International Commission on Non-Ionizing Radiation Protection, "ICNIRP Guidelines for Limiting Exposure to Time-Varying Electric, Magnetic and Electromagnetic Fields (up to 300 GHz)", *Health Physics* 74 (4):494-522;1998.

infas - Institut für angewandte Sozialwissenschaft GmbH, *Ermittlung der Befürchtungen und Ängste der breiten Öffentlichkeit hinsichtlich möglicher Gefahren der hochfrequenten elektromagnetischen Felder des Mobilfunks - jährliche Umfragen: Abschlussbericht über die Befragung im Jahr 2004*, für das Bundesamt für Strahlenschutz.

Institutet för rymdfysik: Kiruna, *Pulsation graph: Y component*, <https://www2.irf.se/maggraphs/puls.php> (hämtad 2020-06-28).

Israel, Michel, "Philosophy of Standards in Eastern Europe and Ideas for Standards Harmonization", *Proceedings of the Eastern European Regional EMF Meeting and Workshop*, WHO, Varna, Bulgaria: 28 April-3 May 2001. <https://www.who.int/peh-emf/meetings/en/02Israel-Philosophy_of_standards_in_Eastern_Europe.pdf> (hämtad 2022-02-01).

ITU-R, *Recommendation ITU-R B.S.412-9 (12/1998): Planning standards for terrestrial FM sound broadcasting at VHF*, International Telecommunication Union: Radiocommunication sector of ITU.

ITU-R, *Recommendation ITU-R BT.1368-4 Planning criteria for digital terrestrial television services in the VHF/UHF bands*, International Telecommunication Union.

Järvholm, Bengt, Birgitta Herloff, "Kommunalt bostadsbidrag för elsanering – utvärdering av effekter", Socialdepartementet 1996-05-23.

Kammarrätten i Göteborg, dom 2007-07-11, mål nr 1229-07.

Kammarrätten i Jönköping, dom 2002-05-15, mål nr 2644-2001.

Kaune, W T, J L Guttman & R Kavet, "Comparison of Coupling of Humans to Electric and Magnetic Fields With Frequencies Between 100 Hz and 100 kHz", *Bioelectromagnetics* 18:67–76 (1997).

Kommunstyrelsens handikappråd, Yttrande över Utlåtande 2009:RV ang. Bostäder för elallergiker (Dnr 322-155/2001), bilaga till Protokoll fört vid Stockholms kommunfullmäktiges sammanträde i Stadshuset måndagen den 3 mars 2009 kl. 16.00.

Kroes, Neelie, vice ordf. EU-kommissionen, *Thinking European, and winning the wireless race*, tal inför Radio Spectrum Policy Group, Bryssel 20 feb 2013. <https://ec.europa.eu/commission/presscorner/detail/en/SPEECH_13_140> (hämtad 2022-02-01).

Levallois, Patrick, Raymond Neutra, Geraldine Lee & Lilia Hristova, "Study of self-reported hypersensitivity to electromagnetic fields in California", *Environ Health Perspect.* 2002 Aug; 110(Suppl 4): 619-623.

Lidmark, Ann-Marie, *Är de verkligen sjuka? Beskrivning av elöverkänsliga och tandvårdsskadade i samhället*, slutrapport från HET-projektet: 2:a upplagan: 2008.

Lundmark, Martin, Anders Larsson, Janolof Hagelberg, "Förstudie gällande förekomst av elektriska fält i kontorsmiljöer inom frekvensområdet 10 kHz - 30 MHz", *LTU Teknisk rapport* 2002:16.

Lönn, Stefan, Anders Ahlbom, Per Hall & Maria Feychting, "Mobile phone use and the risk of acoustic neuroma", *Epidemiology* 2004 Nov;15(6):653-9.

Magnetfält och hälsorisker, broschyr från fem svenska myndigheter.

Maisch, Don, *The Procrustean Approach: Setting Exposure Standards for Telecommunications Frequency Electromagnetic Radiation* (avhandling Wollongong: Faculty of Arts: Science, technology and society program, University of Wollongong, 2010).

Marha, Karel, Jan Musil & Hana Tuhá, *Electromagnetic Fields and the Life Environment*, (San Francisco: San Francisco Press Inc, 1971). Först utgiven som Electromagnetické pole a životní prostředí av Státní zdravotnické nakldatelsství, Prag.

Marino, Andrew A., *Going Somewhere: Truth About a Life in Science* (Belcher, LA: Cassandra Publishing, 2010).

Martínez, Jose A, *The "Moscow Signal" epidemiological study, 40 years on*, Reviews on Environmental Health, Volume 34 Issue 1, s. 18.

Milham, Samuel, "Historical evidence that electrification caused the 20th century epidemic of 'diseases of civilization'", *Med Hypotheses*, 2010 Feb;74(2):337-45.

Miljö- och jordbruksutskottets betänkande 2009/10:MJU25.

Miljötillsynsförordning (2011:13).

Minnesanteckningar från Stadsbyggnads- och Exploateringsnämndens funktionshindersråds möte med stadsbyggnadsnämnden 2015-10-15.

Nadakuduti, Jagadish, Mark Douglas, Myles Capstick, Sven Kühn, Stefan Benkler, Niels Kuster, *Assessment of EM Exposure of Energy-Saving Bulbs & Possible Mitigation Strategies*, IT'IS Foundation, Project BAG/08.004316/434.0001/-13 & BFE/15350.

"NIEHS REPORT on Health Effects from Exposure to Power-Line Frequency Electric and Magnetic Fields", National Institute of Environmental Health Sciences, *NIH Publication No. 99-4493*.

Niklasson, Olle, "Varning! Stötande innehåll!", *Ny Teknik, Teknikhistoria*, 2014-11-22 <https://www.nyteknik.se/teknikhistoria/varning-stotande-innehall-6396574> (hämtad 2022-09-10).

Oberfeld, Gerd, *Das Salzburger Modell – Erfahrungen der letzten 5 Jahre*, <https://www.salzburg.gv.at/gesundheit_/Documents/das_salzburger_modell_langfassung-2.doc> (hämtad 2022-01-31)

Oberfeld, Gerd, redaktör, *International Conference on Cell Tower Siting Linking Science & Public Health Salzburg, Austria, June 7 – 8, 2000 Proceedings*, Salzburg: Federal State of Salzburg: Public Health Department, Environmental Health & University of Vienna: Institute of Environmental Health, <https://www.salzburg.gv.at/gesundheit_/Documents/proceedings_(01)_title_and_summary.pdf > (hämtad 2022-01-31).

Oberfeld, Gerd, Enrique A. Navarro, Manuel Portoles, Ceferino Maestu & Claudio Gomez-Perretta, "The Microwave Syndrome – Further Aspects of a Spanish Study", presentation *3rd International Workshop on Biological Effects of Electromagnetic Fields, 4-8 October 2004, Kos, Greece*.

Olofsson, Margareta, Kommunfullmäktige, Stockholm: 2000-03-06, § 26, anförande 209.

Ofcom, *Prediction of the 'useable' coverage of FM radio services*, 2305/FMC/R/1/2.0, 14 June 2010.

O'Toole, Thomas, "Moscow Microwaves: No Harm Seen", *Washington Post*, 21 nov 1978. <https://www.washingtonpost.com/archive/politics/1978/11/21/moscow-microwaves-no-harm-seen/7a4b045f-e2ff-401e-a1f5-34e748d4cf13/?utm_term=.13c14c25cbd2> (hämtad 2019-07-01).

Panagopoulos, Dimitris J, Olle Johansson & George L Carlo, "Polarization: A Key Difference between Man-made and Natural Electromagnetic Fields, in regard to Biological Activity", *Scientific Reports* volume 5, Article number: 14914 (2015).

Post- och telestyrelsen, *Beslut om tillstånd att använda radiosändare i 3,5 GHz- och 2,3 GHz-banden, Beslut 2021-01-20*, bilaga A1, bilaga B, dnr: 18-8496.

Post- och telestyrelsen, beslut, *Ansökan om ändring av tillståndsvillkor*, 7 december 2004.

Post- och telestyrelsen, *Tillstånd att använda radiosändare I frekvensbandet 2500–2690 MHz enligt lagen (2003:389) om elektronisk kommunikation – LEK*, Beslut 2008-05-08, dnr: 08-417.

Presman, Aleksandr S., *Electromagnetic Fields and Life*, (New York: Plenum press, 1970).

Price, Colin, "ELF Electromagnetic Waves from Lightning: The Schumann Resonances", *Atmosphere* 2016, 7(9), 116.

Proposition 1996/97:1 Förslag till statsbudget för budgetåret 1997.

Proposition 1996/97:5 Forskning och samhälle, D1 Del 2. Departementsavnitten.

Protokoll fört vid Stockholms kommunfullmäktiges extra sammanträde i Stadshuset måndagen den 26 augusti 1996 kl 16.00.

Protokoll fört vid Stockholms kommunfullmäktiges sammanträde I Stadshuset måndagen den 25 januari 1999 kl 16.00.

Protokoll fört vid Stockholms kommunfullmäktiges sammanträde i Stadshuset måndagen den 6 mars 2000 kl. 16.00.

Protokoll fört vid Stockholms kommunfullmäktiges sammanträde i Stadshuset måndagen den 25 maj 2009 kl. 16.00.

Regeringsbeslut 8, 1995-06-21, Bidrag till handikapporganisationer.

viss.nu, elkänslighet, Region Stockholm, kunskapsstöd: <https://viss.nu/kunskapsstod/vardprogram/elkanslighet> (hämtad. 2022-02-01>

Repacholi, M H, "The Purpose of WHO's EMF Standards Harmonization Project", *WHO Meeting on EMF Biological Effects + Standards Harmonization in Asia & Oceania, Seoul,*

South Korea : 22-24 October 2001,
<https://www.who.int/peh-emf/meetings/southkorea/Repacholi_project_.pdf>
(hämtad 2022-01-30).

Rubin, G James, Lena Hillert, Rosa Nieto-Hernandez, Eric van Rongen & Gunnhild Oftedal, "Do People With Idiopathic Environmental Intolerance Attributed to Electromagnetic Fields Display Physiological Effects When Exposed to Electromagnetic Fields? A Systematic Review of Provocation Studies", *Bioelectromagnetics* 32:593^609 (2011).

Råd för funktionshinderfrågor vid fastighetsnämnden och miljö- och hälsoskyddsnämnden i Stockholm, *Protokoll* 7/2017 från 4/9 2017.

Rådets 2196:e möte – EKOFIN – Bryssel den 12 juli 1999.

Rådets rekommendation 1999/519/EG av den 12 juli 1999 om begränsning av allmänhetens exponering för elektromagnetiska fält (0 Hz–300 GHz).

"Salzburg Resolution on Mobile Telecommunication Base Stations", *International Conference on Cell Tower Siting Linking Science & Public Health Salzburg, June 7-8,* 2000, (Salzburg: Federal State of Salzburg, Public Health Department, Environmental Health & University of Vienna, Institute of Environmental Health), <https://www.salzburg.gv.at/gesundheit_/Documents/salzburg_resolution_e.doc> (hämtad 2022-01-31)

Samuelsson, Kenneth, "Elöverkänsliga drabbas av bristfällig utredning", *Miljömagasinet,* 2000-03-03.

SanPiN 2.1.8 / 2.2.4.1190-03 (СанПиН 2.1.8/2.2.4.1190-03), Hygieniska krav för placering och drift av landmobil radiokommunikation.
<https://meganorm.ru/Data2/1/4294817/4294817554.htm> (2022-10-06).

SanPiN 2.2.4 / 2.1.8.055-96 (СанПиН 2.2.4/2.1.8.055-96), Elektromagnetisk strålning inom radiofrekvensområdet (EMF RF). Sanitära regler och förordningar,
< http://www.vashdom.ru/sanpin/224_218055-96/> (hämtad 2020-04-18).

Santini, R, P. Santini, J.M. Danze, P. Le Ruz & M. Seigne, *Study of the health of people living in the vicinity of mobile phone base stations: Influences of distance and sex,* Pathol Biol 2002; 50:369-73.

SCENIHR, Scientific Committee on Emerging and Newly Identified Health Risks, *Opinion on Potential health effects of exposure to electromagnetic fields (EMF)*, 27 January 2015.

Schröttner, Jörg, Norbert Leitgeb, Sensitivity to electricity – Temporal changes in Austria, *BMC Public Health* 2008 8:310.

SFS 1993:387. Lag om stöd och service till vissa funktionshindrade.

Socialdepartementet, Regleringsbrev för budgetåret 2003 avseende Forskningsrådet för arbetsliv och socialvetenskap, 2002-12-19.

Socialstyrelsen, "Magnetfältsmätningar i bostäder och på daghem", *SoS-rapport* 1994:18.

Socialstyrelsen, "Elektromagnetiska fält från kraftledninga", *Meddelandeblad* 2005

Socialstyrelsen, *Miljöhälsorapport* 2001.

Socialstyrelsen, *Miljöhälsorapport* 2009.

Socialstyrelsen, "Redovisning av uppdrag att kartlägga hälsoeffekter av elsanering i bostäder i samband med bostadsanpassningsbidrag", 1996-05-21, dnr 32-9581/95.

Socialstyrelsens expertgrupp, *Elektriska och magnetiska fält och hälsoeffekter*, Socialstyrelsen, SoS-rapport 1995:1, s. 150.

SPEAG, "Maintenance of Tissue Simulating Liquids", < https://speag.swiss/assets/downloads/products/dasy/free_downloads/920-SLAAxyy-E.pdf> (hämtad 2022-10-05).

SSMFS 2008:18, Strålsäkerhetsmyndighetens allmänna råd om begränsning av allmänhetens exponering för elektromagnetiska fält.

Stadsbyggnadskontoret, *Planbeskrivning: Detaljplan för fastigheten Borrsvängen 11 m.fl. i stadsdelen Gubbängen i Stockholm*, Dp 2013–10233.

Stadsbyggnadskontoret, *Planbeskrivning: Detaljplan för del av fastigheten Sköndal 1:1 m fl. i stadsdelen Sköndal, S-Dp 2014-14343*.

Stadsbyggnadskontoret, *Planbeskrivning för del av kv Polygripen inom stadsdelen Gubbängen i Stockholm*, Dp 95004.

Stadsbyggnadskontoret, *Plankarta: Sköndal 1:1 m.fl.*, S-Dp 2014-14343.

Stadsbyggnadskontorets verksamhetsberättelse för med bokslut för 1999, bihang 2000:21.

Stadsrevisionen, *Uppföljning av miljöpåverkan i stadsplaneringen*, nr 6 2018, Projektrapport från Stadsrevisionen, dnr 3.1.3-129/2018.

Steneck, Nicholas H., *The Microwave Debate*, (Cambridge, Massachusetts: The MIT Press, 1984).

Stockholms stads utrednings och statistikkontor AB, "Stadsdelsinvånarna om: Miljö och miljövanor i Stockholm", *Medborgarenkät* 2007, bilaga 3 – Tabeller, <https://miljobarometern.stockholm.se/content/docs/me/2007/Bilaga3_tabeller.pdf> (hämtad 2019-06-26

Stockholms stads utrednings och statistikkontor AB, "Stadsdelsinvånarna om: Miljö och miljövanor i Stockholm", *Medborgarenkät* 2010. <https://miljobarometern.stockholm.se/content/docs/me/2010/Enkat_2010_inkl_tabeller.pdf > (hämtad 2019-06-26).

Strålsäkerhetsmyndigheten, e-post, dnr SSM 2011-369.

Strålsäkerhetsmyndigheten, e-post, dnr SSM2014-128-1

Strålsäkerhetsmyndigheten, e-post, dnr SSM2017-542-1.

Svenska kraftnät, *Ny 220 kV-ledning Nackaskarv–Högdalen, Underlag för samråd om utbyggnadsförslag april 2016.*

Svenska kraftnät, Transmissionsnätskarta, <https://www.svk.se/om-kraftsystemet/om-transmissionsnatet/transmissionsnatskarta/> (hämtad 2022-10-07).

Svenska miljömål - preciseringar av miljökvalitetsmålen och en första uppsättning etappmål, Ds 2012:23 Regeringens beslut 2012 M2012/1171/Ma.

TCO Development AB, TCO Certified Generation 8 for displays, TCO Development AB.

Thurén, Torsten, *Vetenskapsteori för nybörjare*, (Tiger förlag, Saltsjö-Boo: 1991).

Utbildningsepartementet, Regleringsbrev för budgetåret 2004 avseende Vetenskapsrådet, ändringsbeslut 2004-06-23.

Utlåtande 1996:20 RIII, dnr 931/94, Flerbostadshus åt elöverkänsliga: Motion av Dick Urban Vestbro (v) 1994:153; Kommunfullmäktige protokoll 12 1996-06-17.

Utlåtande 1996:33 RVII, dnr 229/95, Hjälp till elöverkänsliga: Motion av Dick Urban Vestbro (v) och Jean Anderson (v), 1995:26.

Utlåtande 2000:44 RVII (Dnr 1603/97), Inrättande av elektromagnetiska frizoner i Stockholm: Skrivelse från kommunstyrelsens handikappråd.

Verordnung über den Schutz vor nichtionisierender Strahlung 814.710 (NISV), vom 23 Dezember 1999 (Stand am 1. Januar 2022).

Wertheimer, Nancy & Ed Leeper, "Electrical Wiring Configurations and Childhood Cancer", *American Journal of Epidemiology* 109:273-284, 1979.

VERUM - Stiftung für Verhalten und Umwelt, *REFLEX Risk Evaluation of Potential Environmental Hazards from Low Energy Electromagnetic Field Exposure Using Sensitive in vitro Methods*, <http://www.verum-foundation.com/projects/reflex.html> (Hämtad 2022-01-31).

Weston, David A., *Electromagnetic Compatibility: Methods, Analysis, Circuits, and Measurement*, CRC Press 2017.

World Health Organization, "Elektromagnetiska fält och folkhälsan: Elöverkänslighet", *Faktablad* 296, 2005, <https://www.who.int/peh-emf/publications/facts/ehs_fs_296_swedish.pdf> (hämtad 2022-02-01).

World Health Organization, *Establishing a Dialogue on Risks from Electromagnetic Fields*, (Radiation and environmental health department of protection of the human environment: World Health Organization: Geneve: 2002).

World Health Organization, *Framework for Developing Health-Based EMF Standards*, (World Health Organization: Public Health and Environment, Geneve: 2006).

World Health Organization, *The International EMF Project : health effects of static and time varying electric and magnetic fields : progress report 1998-1999*, s. 17, < https://apps.who.int/iris/handle/10665/66013> (hämtad 2022-09-11).

Wikileaks, *Elease of Moscow Signal Fact Sheet*, Canonical ID: 1976STATE166451_b, 1976 July 3 21:04, <https://search.wikileaks.org/?q=Moscow+Signal+Fact+Sheet>.

von Schultz, Charlotta, "Luftfartsverket: Inga solceller inom 3 km", *Elinstallatören* nr 4 april 2020.